100% COACHING

Guía práctica
para transformarte en
el Superhéroe de tu vida

DANIEL COLOMBO

100% COACHING

Guía práctica
para transformarte en
el Superhéroe de tu vida

Editorial Autores de Argentina

Colombo, Daniel
   100% coaching / Daniel   Colombo. - 1a ed. - Ciudad Autónoma de
Buenos Aires : Autores de Argentina, 2018.
   100 p. ; 20 x 13 cm.

   ISBN 978-987-761-611-8

   1. Coaching. I. Título.
   CDD 158.1

© ® Daniel Colombo
www.danielcolombo.com

EDITORIAL AUTORES DE ARGENTINA
www.autoresdeargentina.com
Mail: info@autoresdeargentina.com

Diseño de portada: Justo Echeverría

Queda hecho el depósito que establece la Ley 11.723

ÍNDICE

INTRODUCCIÓN	9
PRÓLOGO	17
CAPÍTULO 1 **CÓMO ALCANZAR TUS METAS**	19
CAPÍTULO 2 **SUPERA LOS DESAFÍOS**	35
CAPÍTULO 3 **MEJORA TU COMUNICACIÓN**	103
CAPÍTULO 4 **SÉ FELIZ EN EL TRABAJO**	147
CAPÍTULO 5 **ORGANIZA TU TIEMPO**	163
CAPÍTULO 6 **VIVE EN PAZ Y SERENIDAD**	173
EPÍLOGO	215

INTRODUCCIÓN

Invitación

En un mundo cada vez más acelerado y vertiginoso, permanecer serenos, en calma y con enfoque en los resultados que deseamos obtener a veces puede resultar todo un desafío. Esta obra busca acercarte herramientas del coaching profesional, aplicado tanto a la vida como a tu profesión y empresa, para que puedas descubrir, desarrollar y expandir tu potencial tanto como desees.

La propuesta de trabajo de la gran mayoría de las escuelas de coaching, y la más innovadora y revolucionaria: el neurocoaching, a la que adhiero y llevo a la práctica en mí y con los clientes desde hace varios años, combinando neurociencias con el coaching de personas y organizaciones, parten de la premisa de invitar. Invitar a explorarnos. Invitar a conocernos mejor, a profundizar en esas zonas oscuras que todos tenemos, y desde allí, descubrir como escultores de nuestro destino y el presente, la piedra preciosa que somos en esencia. Si se acepta la invitación, el cambio es inminente. Y si sólo se dice que "sí" por cortesía, acaso viviremos momentos muy atractivos durante el proceso, que quedarán como un grato recuerdo. La elección siempre está en cada uno.

Por eso es importante saber qué es el coaching y cómo puede ayudar a los seres humanos y equipos a consolidar y expandir sus proyectos personales y profesionales. Desde su origen en la filosofía con Sócrates y Platón, pasando por el mundo deportivo, un "coach" es un entrenador de aquellas habilidades que pueden descubrirse o potenciarse. Así, aplicado a las empresas pequeñas, medianas y grandes, y a profesionales de todas las disciplinas, el neurocoaching se convierte en una disciplina esencial para el desarrollo del talento humano.

La motivación y el liderazgo son sólo algunos de los aspectos que se abordan; también se elaboran en conjunto entre el coach y el "coache" (cliente que se beneficia con los servicios de un coach profesional) o los equipos dentro una organización, los planes, estrategias y metodologías para alcanzar las metas que se buscan en lo individual y de conjunto; y la felicidad y el bienestar con el que encaramos la vida, incluyendo el trabajo y nuestra misión de vida. ¿Has pensado en ello alguna vez?

Muchas veces se presentan algunos aspectos confusos respecto a los alcances del coaching y neurocoaching. Algunas personas piensan que es la solución mágica a todos los problemas que puede atravesar un profesional u organización. Sin embargo, la tarea es ir a la raíz de los temas a mejorar, y, desde allí, "modular" juntos un camino por lo general acotado, acompañando el proceso de descubrir, reconocer, madurar, ajustar, cambiar y, finalmente, medir los resultados en forma tangible y concreta.

El coaching es una disciplina que puede aplicarse a todos los ámbitos de la existencia, y, como una forma de acercarte en forma más tangible a este espacio de conocimiento y desarrollo personal, aquí van 12 claves para conocer más sobre cómo se aplica para afianzar y hacer crecer tu vida, tu empresa y tu carrera profesional:

1. Contexto: muy rápidamente comprenderás de manera ágil, entretenida y profunda, el contexto en el que te estás desenvolviendo, y podrás reconocer de qué forma participas en él.

2. Descubrir: los seres humanos tenemos muchos "velos" que suelen cubrir nuestras cualidades y también nuestras falencias. La historia personal, experiencias de vida, recuerdos de la infancia, episodios que nos marcaron en lo profesional y las relaciones humanas cotidianas, determinan en muchos casos cómo vemos el mundo. Hay un principio interesante: "Nosotros no vemos el mundo como es, sino como somos nosotros"; por lo que un paso importante es empezar a salir de la caja cotidiana, expandirnos paso a paso y comenzar a observar el mundo de una manera más amplia y más neutral.

3. Progreso constante: desde el primer encuentro obtienes una serie de herramientas prácticas de aplicación inmediata para que vivas desde el primer minuto cómo podrías ir modificando la realidad que te llevó a la consulta.

4. Comunicación asertiva: lograrás en un corto plazo encontrar las herramientas necesarias y apropiadas para relacionarse en forma más efectiva con todo tipo de personas; y a partir de allí, plantear la posibilidad de seguir creciendo.

5. Definición de metas y objetivos: muchas veces los encuentros necesitan formalizar un orden, dar prioridades, establecer guía y orientación sobre aspectos formales –como la constitución de una sociedad o su disolución; reflexionar sobre una expansión; inversiones; manejo de recursos humanos y liderazgo personal y profesional-. Se descubren, abordan y se establece un plan concreto para ir midiendo el resultado.

6. Evolución: el paso a paso, con cambios microscópicos que en pocos meses producirán un gran impacto, es la forma que hemos encontrado como más eficaz para el éxito del coaching empresarial, corporativo y profesional.

7. Emociones constructivas: dirigido a lograr el máximo proceso de "mindfullness" para el consultante, para que pueda enfocarse en lo esencial que lo llevará directo al éxito en las prioridades de su vida. A su vez fortalecerá el espíritu de trabajo con los distintos equipos con los que interactúe en la vida y en el trabajo y reordenará el caos que suele presentarse cuando hemos perdido el rumbo. Otras veces se trata de salir de la inercia propia de procesos repetitivos y animarnos a cambiar en cualquier área.

8. Equilibrio: entre la vida profesional y personal. Este es otro de los aspectos fundamentales en épocas donde muchos suelen vivir apurados y ansiosos, pendientes del afuera y exigidos por metas y resultados todo el tiempo. En forma amena, paulatina y sensible, desde la metodología del coaching focalizado en la persona (ante todo) y el profesional que se es, es totalmente posible recobrar confianza, alegría, placer en el trabajo, negociar mejor, encontrar soluciones alternativas, mayor innovación e impulso para seguir.

9. Motivación y liderazgo: es uno de los pilares. A diferencia de otras corrientes de desarrollo personal, incluso las más ancestrales, cada persona o grupo sale altamente motivado, y lo que es más importante: logra sostener ese estado del Ser casi permanentemente. Las caídas desde los primeros encuentros son menos bruscas y se sale más rápido y más creativamente. El enojo, la decepción y la desconfianza dan lugar a un proceso de despertar y crecimiento del consultante, y, como consecuencia también de su entorno, a partir de sus propios cambios paulatinos.

10. Expansión desde adentro hacia fuera: es sorprendente y maravilloso cómo con el correr de los encuentros, los que acuden a tomar el programa de coaching reconocen que van abriendo sus fronteras. Los límites se atraviesan con naturalidad y casi sin esfuerzo (y mucho menos sacrificio) y se conquista ese nuevo espacio con alegría, visión amplia y sumamente despejada de nubarrones oscuros.

11. Confianza: una cualidad que se va construyendo entre el coach y el coache, y con los grupos. Es un contrato de acompañamiento, donde las principales respuestas las va descubriendo la persona. El coach es como el guía en el viaje y abre cada puerta, ayudando a limpiar el camino para que se transite con mayor fortaleza, motivación, entusiasmo y claridad. El resultado siempre es altamente enriquecedor.

12. Resultados concretos: a diferencia de otras disciplinas, desde el primer día se internaliza la forma de hacer mejor las cosas. El cambio, desde adentro hacia fuera, es paulatino y en un corto plazo. Se vencen obstáculos –reales o subyacentes en el inconsciente-, y se prueban las vías más apropiadas de acuerdo a la personalidad de quien consulta y se abre al aprendizaje. El resultado implica una evaluación permanente de la evolución, que se realiza en conjunto sobre la base de criterios objetivos.

Finalmente, el coaching es ideal para:

- Mejorar el desarrollo profesional en cualquier campo,
- Descubrir la vocación,
- Incorporar nuevas disciplinas a mi carrera,
- Negociar todo tipo de acuerdos, incluyendo mejores condiciones laborales,
- Abrir, potenciar y relanzar o redefinir tu propia empresa,
- Poner en marcha un proyecto que resulta desafiante a simple vista,
- Atravesar limitaciones, dudas, temores y decepciones en aspectos profesionales y empresariales,
- Lograr mayor unidad de grupos e integración individual en las organizaciones,

- Liderar en forma más efectiva,
- Mantener un alto nivel de autofeedback para reconocer los aspectos que se pueden mejorar,
- Establecer un umbral de motivación constante, donde prácticamente no habrá obstáculo que no pueda sortearse y
- Definir con mayor certeza el rumbo profesional o de un proyecto o equipo de trabajo.

Lo único que se necesita es:

- Trabajar con un Neurocoach profesional, con años de experiencia en el mundo corporativo y con mucho desarrollo personal dentro de su formación como entrenador,
- Es fundamental que tu coach sea un permanente buceador en su propia realidad, su vida; que sea exitoso y que no quede solamente en el encuadre teórico o académico de lo que ha estudiado,
- Establecer de común acuerdo las bases claras del trabajo,
- Compromiso de ambas partes para la constancia en alcanzar los objetivos fijados,
- Focalizarse en los resultados y
- Entregarse al camino de seguir aprendiendo, creciendo y avanzando, con la ayuda de un guía experto.

PRÓLOGO

"Coaching: sé el Súper Héroe de tu vida" es una herramienta práctica que he desarrollado por varias décadas de trabajo asistiendo a personas y organizaciones a lograr su máximo potencial en todos los campos. Te guiará en forma sencilla por una metodología 100% práctica para que puedas elegir dónde quieres comenzar.

Puedes leerlo de corrido y tomar notas. También podrás hacerlo abriendo al azar cualquiera de sus páginas y capítulos, y observar qué hay para ti allí: es sorprendente cómo muchas veces encontrarás las palabras y la guía que te inspirará a generar ese clic interno que estás buscando desde hace tiempo.

También te invito y aliento a tener siempre a mano un lápiz, con el que puedes transformar este libro en tu cartilla de trabajo; o puedes complementarlo con una libreta de apuntes donde vas volcando los ejercicios día a día. De esta forma, con el paso del tiempo podrás recorrer de nuevo el camino de aprendizaje y observar, en forma minuciosa y tangible cómo ha sido tu proceso y tu evolución consciente.

Te doy la bienvenida a este viaje de auto conocimiento. Un *viaje al interior de uno mismo* ® que no termina jamás. Son estaciones que vamos dejando atrás, para encarar lo nuevo. Y esto, además de sorprendente, tiene un componente mágico y maravilloso: la sorpresa y la aventura permanente.

Daniel Colombo

CAPÍTULO 1

CÓMO ALCANZAR TUS METAS

¿Cómo saber cuál es mi misión en la vida?

Con mucha frecuencia un alto porcentaje de los seres humanos nos planteamos cuál es nuestra misión en la vida. Entendemos la Misión como aquello que venimos a cumplir en este plano físico de la existencia, mientras hacemos lo de todos los días, y vamos observando -y participando- en este juego que llamamos vivir.

En numerosos seminarios y consultas personalizadas, muchas personas declaran no saber cuál es su misión en la vida. También postulan que se sienten perdidos, desorientados y muy desconformes con la forma en que llevan adelante sus asuntos.

Y allí aparecen los primeros signos que nos pueden llevar a la respuesta: en la confusión entra a jugar un papel muy importante el pensamiento analítico, el sentir y el Ser. Es decir, todo aquello que, más allá de lo que presuponemos y que en muchos casos nos "pre-ocupa" (es decir, lo que nos mantiene ocupados antes de que las cosas sucedan).

Si bien hay que convenir en que no existe una regla exacta que determine cuál es nuestra Misión, puesto que es algo que se siente muy profundamente, hay intuiciones que aparecen de vez en cuando y que nos marcan, como señaladores o banderas, si vamos en el camino acertado.

Atravesar las tormentas

En otros momentos, el camino se desvía tanto por la fuerza de los acontecimientos, que nos sentimos en medio de una tormenta que, por más que sepamos que es pasajera, en ese instante la pensamos eterna.

Una de las primeras claves para saber cuál es nuestra Misión es la de observar. Si nos detenemos el tiempo suficiente, en calma y tranquilidad dentro del ajetreo diario, y miramos con atención todos los pasos que fuimos dando desde que tenemos conciencia -siendo muy pequeños- hasta el presente, hay un rumbo, un sendero que, instintivamente, fuimos trazando.

Tal vez no aparezca con la claridad que quisiéramos. Las señales siempre están, sólo que a veces no sabemos verlas o darles sentido a tiempo.

¿Por qué aparece aquí lo de "darle sentido"? Esa es la forma en que se produce la toma de conciencia, el aprendizaje y la certeza interior de que estamos en la senda apropiada. El sentido es lo que ratifica, le pone el sello de validez a ese tramo de experiencia que nos llevará a otras nuevas, siempre tras eso que denominamos Misión.

Más que mirar, ver

Otra clave relevante es registrar. Como si fuésemos científicos de nuestra propia vida, necesitamos estar en el presente, y registrar en nuestra memoria interna todos aquellos signos, acontecimientos, personas que se cruzan en nuestra vida y que nos apoyan, y las oportunidades que se abren y se cierran, para conducirnos por nuevos caminos.

Por lo general el cambio no tiene muy buena prensa. Se dice, casi condescendientemente, que todos los cambios son buenos.

Lo que por lo general no se nos explica es cómo transitarlos sin ansiedad y sin cierta cuota de incertidumbre, inherente a ese proceso. Sin embargo, los cambios -planificados, repentinos o los que parecen un retroceso en cierto momento- son los grandes impulsores hacia la Misión de vida.

¿Cuánto tiempo hemos de permanecer en nuestra zona de confort, ese espacio conocido y muchas veces doloroso y sin sentido? Sólo expandiéndola, podemos conocer lo que hay más allá y, si nos animamos, encarar lo nuevo con un espíritu renovado.

¿Cuándo haremos el cambio en nuestra vida? "Cuando estemos cansados y enfermos de estar cansados y enfermos...", dice el maestro espiritual John Roger. Es decir, cuando verdaderamente estamos hartos de una situación, es que tomamos fuerza y, como podemos, nos zabullimos en las aguas tormentosas del cambio; conteniendo el aliento hasta salir de nuevo a la superficie.

Por último, la Misión se manifiesta con un propósito de vida, no menos importante que la misión misma. ¿Estoy haciendo lo que quiero? ¿Hay algo que me gustaría encarar y lo vengo postergando hace años? ¿Hay decisiones que no me animo a tomar? ¿Es mi vida tal y como la quiero vivir? ¿Estoy rodeado de las personas adecuadas que apoyan mi Misión? ¿Siento que lo que hago suena fuerte dentro de mí? Si hoy mismo dejara de hacer las cosas que hago, ¿sentiría que pierdo una parte importante de mi Ser?

Estas son preguntas claves que, respondidas con precisión y sin dudar, te darán la certeza de que estás en el sendero de tu

Misión de vida en este mundo. De lo contrario, quizás haya algunos ajustes que quieras empezar a hacer aquí y ahora, y desde hoy en adelante.

5 formas concretas de saber si estamos cumpliendo nuestra Misión de Vida

En tiempos donde por lo general la mayoría de las personas viven corriendo tras metas y objetivos, a veces es bueno preguntarse si estamos alineados con nuestra misión de vida.

La misión, un concepto que muchas corrientes del pensamiento y autoconocimiento han tendido a definir de formas diversas y hasta abstractas, también adquiere en lo práctico una forma de atravesar nuestra existencia, dotándola de sentido.

Es así que, al menos en lo que se refiere a estas líneas (y, una vez más, puede haber múltiples interpretaciones), un enfoque es entender la misión como la herencia espiritual -no en el sentido religioso, sino del Ser-, y el legado que dejaremos cuando debamos partir físicamente. Es decir, aquello que nos trascenderá.

Por eso la misión personal puede ser entendida en este contexto, como aquellos dones y habilidades que nos fueron conferidos al momento de nacer en este tiempo, para ejercitarlos y ponerlos en movimiento. En un sentido superador y más elevado, vienen a darnos un sentido a la existencia, que, por lo general, está ligado con el dar y servir a otros, para cosechar lo que nos queda de experiencia y "re-capitalizarnos" como en un generador de energía que no tiene fin.

Como en muchas empresas y organizaciones hay vistosas frases de "Misión y Visión" como si fuesen una brújula que marca su horizonte, los seres humanos también tenemos nuestra propia construcción de este destino personal que vamos haciendo día a día. Aunque no lo tengamos presente ni consciente, el propósito de vida se manifiesta en formas sutiles desde las capas más profundas del Ser, hasta adquirir, en muchos casos, dimensiones extraordinarias que atraviesan generaciones y producen grandes impactos. Y eso sólo lo generó muchas veces este legado puesto en acción por una sola persona.

Observémonos en estos cinco aspectos:

1. **Sentido:** cuando estamos conectados con la esencia, lo más profundo y sagrado dentro nuestro, la vida parece tener un propósito que, aunque no necesariamente se manifieste en los resultados exactos que deseamos obtener, nos van llevando, como en un viaje un tanto errático, hacia lo que está destinado a nosotros. Por eso los pequeños momentos como el nacimiento de un hijo; la concepción de una guagua muy deseada y esperada; una oportunidad profesional significativa; un cambio rotundo en nuestras creencias y paradigmas; un click de conocimiento y despertar dentro nuestro, son formas en que se hace tangible este principio de sentido.

2. **Hacer lo que nos gusta:** que no es lo mismo que hacer lo que mejor nos sale, aunque pueden ir de la mano. Frecuente-

mente en coaching encontramos casos de personas que anhelan un cambio profundo y superador. Sin embargo, paralizados por el miedo y la incertidumbre, eligen quedarse aferrados a lo conocido -y hasta cómodo, la famosa zona de confort- y seguir así hasta agotarse. Poner en acción los dones que nos fueron entregados es parte esencial de la misión, porque es dinámica, activa, aventurera y entretenida. Tenemos que hacer lo que nos gusta, desde el nivel y lugar donde estemos hoy mismo. Siempre podemos introducir pequeños toques personales, ajustes microscópicos, para transformar cada situación en otra, más alineada con el sentido de nuestra vida. La sorpresa se manifestará muy pronto, porque es altamente probable que vivenciemos cosas que nunca antes, y que las cosas más disfuncionales de las tareas se vayan acomodando a favor. Es un paso a paso, progresivo y sin pausa. La clave es persistir y completar; y una vez cerrado cada 'círculo de progreso', una vez más: persistir y completar.

3. Sincronicidad: por momentos la vida entra a jugar todas sus piezas y se acomoda casi mágicamente. Esto sucede en los momentos donde estamos alineados y sintonizados con el todo, que es ni más ni menos que una mirada más abarcativa de quienes somos, qué queremos, dónde estamos y dónde queremos llegar. A la inversa de lo que sucede en ocasiones cuando todo se desmorona en segundos, esos instantes que solemos identificar como de felicidad y plenitud, también nos abren la oportunidad de entenderlos como un signo certero de nuestra misión de vida. La sugerencia es que puedas entrenarte en fluir, vivir más tiempo en el exacto presente, y sin tantas proyecciones hacia el pasado o futuro, "…Porque este momento de vida es un regalo; y por eso se llama presente", dice un conocido texto motivacional.

4. Permanece atento: las oportunidades y señales se van cruzando en la vida. Conocemos millones de anécdotas acerca de cómo un hecho aparentemente fortuito ha cambiado para siempre el curso de una vida y pensamos que esos instantes suceden a otros. En tanto permanezcamos en ese estado de conciencia (de vivencia), es posible que nos perdamos de muchas ocasiones que están a la mano para transformar nuestra realidad inmediata. La clave es observar, no confrontar; afrontar las situaciones pensando en el objetivo para el bien mayor de esa situación y las personas involucradas; y tener la paciencia -entendida como la ciencia de la paz- para evolucionar paso a paso.

5. Impulso: tal vez hayas percibido que las personas con su misión de vida clara y con propósito sienten un cosquilleo interior permanente, que los mueve hacia nuevas experiencias. Así, la mayoría de las veces sin proponérselo, encararan cada día agradeciendo por todo lo que está dispuesto para vivir y lo capitalizan como experiencias de valor. Buscan trascender las etiquetas de negativo o positivo de cada situación y las dejan de lado para identificarlas sólo como vivencias en esta escuela. No son amigos de los chismes y saben filtrar bastante bien lo que no es conveniente para el bien mayor. El fin último del impulso es transformar todo en una experiencia inagotable de vivencias que se convierten en una enorme caja de herramientas que nos prepara mejor para cualquier momento: los buenos, las tempestades, los amores, los desamores, los cambios; y siempre con una buena dosis de autoconfianza en acción. Por eso quizás percibamos en estos seres humanos -tan extraordinarios como nosotros- mucha claridad al expresarse, entusiasmo al participar, vitalidad en la mirada y las acciones que emprenden, y visiones por lo general que salen bastante de lo común.

Llegar a descubrir nuestra Misión y propósito y vivirlo, depende exclusivamente de cada uno. No ha nacido nadie que pueda arrebatárnoslo por difíciles que se presenten las circunstancias; por eso hay miles de personas que convierten los problemas en grandes obras de arte: sus propias vidas... y si tan sólo un ser humano lo hizo, nosotros también podemos.

Dejamos de lado los ejemplos de la historia y del presente donde grandes personajes transforman de raíz realidades del mundo. Empecemos por nuestra casa, por nosotros, y luego, como un círculo virtuoso que se va expandiendo por sí mismo, muy pronto veremos cómo el resultado se multiplica.

Hacerlo lo hace

Muchas veces nos preguntamos cuál es la clave para aumentar la productividad personal y profesional. La respuesta podría ser siempre la misma: "hacerlo lo hace".

Esta frase sintetiza todo lo que se requiere para alcanzar cualquier meta, por distante que parezca.

La acción, continuada y persistente, con pequeños pasos microscópicos detrás del resultado que buscamos, es lo que nos garantizará que podamos ir conquistado "eso" anhelado en el mejor tiempo posible. Sí, "mejor" y no "menor" tiempo posible. ¿Por qué? Porque los tiempos del Universo (o de la conciencia mayor, o como quieras llamarlo) son bastante distintos de los que manejamos aquí en este plano físico. Y las cosas se van manifestando -y todo lo contrario también- a su debido ritmo.

Aquí van trece claves prácticas para que, de una vez por todas, decidas avanzar en el sentido en que tu deseo, tu intuición, tus sueños y tus metas quieren llevarte:

1. Diseña tu meta: creíble, posible de lograr desde donde estás hoy y con algunas etapas que te permitirán ir midiendo y ajustando el resultado que vas obteniendo.

2. Escríbela: esto es muy importante, ya que en la maraña de cosas que tenemos en la cabeza, podemos desviar el camino de esto que sin dudas será de lo más importante que quieras lograr. Por eso es "tu" Meta. Reléela al menos tres veces por día durante treinta y tres días seguidos, y tenla siempre a mano, en varios lugares a los que puedas acceder fácilmente.

3. Da un paso por vez: no todos juntos. De esta forma, podrás ir adquiriendo confianza al ver los logros en forma progresiva, y cada vez te expandirás más camino directo a tu objetivo.

4. Registra tus logros: anota los progresos, por pequeños que sean. Probablemente hayas experimentado que las coincidencias -que no son tales, sino señales que se van manifestando- pueden ser altamente estimulantes para invitarte a seguir e ir por más.

5. Mantente siempre en movimiento: la acción trae el resultado. El pensamiento, por sí sólo, es muy importante, aunque no produce los logros. Los pensamientos crean estados de conciencia, los que, a su vez, buscan manifestarse en hechos concretos: allí empieza a generarse lo que anhelas.

6. Si te quedas quieto, pierdes: es una cuestión de impulso y energía en movimiento. Ese impulso hacedor es lo que te permitirá adquirir las destrezas que tal vez ni sabías que tenías dentro. Y así, progresivamente, se van manifestando los resultados.

7. Ponle plazos: a cada meta, con día, hora y año. Y también a cada pequeña etapa para alcanzar ese objetivo. Disciplínate en cumplir tu tarea: hay muchas cosas que sucederán sin explicación aparente para que puedas lograrlo... sólo si tú haces tu parte. Digamos que sólo tienes que hacerte cargo con 100% de responsabilidad de un 10% del proceso. Del otro 90% se encarga algo que está más allá de nosotros.

8. No comentes demasiado tus metas: si no estás en confianza con personas que sabes que te apoyarán, es preferible que vean el "resultado terminado". No es por egoísmo ni nada parecido; sólo es una cuestión de preservarte y mantener bien cargadas las pilas.

9. Busca ayuda en aquello que no sepas: referentes, consultores, profesionales, lecturas, videos, charlas, cursos, seminarios, nuevas habilidades que desees aprender. Todo esto será de mucha utilidad en el proceso, y de paso, vas adquiriendo destrezas que alguna vez aplicarás en tu vida.

10. Reúnete con emprendedores y gente de éxito: esto incluye escaparle a la gente con mala energía o que intentará de muchas maneras derribar tu sueño. ¿Por qué? Quizás están viendo en ti su propia imposibilidad de desarrollar aquello que quieren; por eso es que, al menos hasta que tengas los resultados de este proceso, la invitación es a que cuides tu energía personal y sigas adelante.

11. Sigue adelante pese a todo: habrá momentos en que querrás desistir. Recuerda que apenas un 5% de la humanidad actualmente logra ir por sus sueños; el resto, intenta una o dos veces a lo sumo y se rinde. ¿De qué lado eliges estar? ¿Del lado de los ganadores o de los perdedores? Esta es tu propia elección. Ya lo sabes.

12. No te preocupes por los recursos: dinero, movilidad, fechas, vacaciones, oportunidades para abrir "esa" llave que te llevará más directo a cumplir tu meta, son todas cosas que, como un gran satélite universal, estarán dando vueltas alrededor tuyo en este proceso. Deja fluir las cosas. Fluye con lo que se presenta. Ajusta las velas si el temporal es muy grande. Y sigue adelante. Todo lo que haga falta que vivas aparecerá a su debido tiempo.

13. Enfócate en la experiencia: esto es, vive la aventura. Hacerlo realidad es una aventura en sí mismo. Por eso, no te quedes corto a la hora de planificar -con metas convenientemente diseñadas para sentirte cómodo e ir probando los resultados paso a paso, como explicaba más arriba-. Sólo hace falta el 100% de enfoque en la experiencia, no en todo lo que "no" tienes por el momento. Si te enfocas en el "no" (*no puedo, no sé, no es para mí*, y una larguísima lista de etcéteras) eso es exactamente lo que vas a conseguir. Así que la sugerencia es que te enfoques sólo en la experiencia, que es, en definitiva, el mayor capital que obtendrás al final del camino.

Siguiendo estos pasos, cada día, las 24 horas, los 365 días del año, no habrá viento en contra ni tormentas que puedan detenerte. Sólo tus excusas podrán detenerte (y de eso sí que sabemos los seres humanos). Así que: "¡manos a la obra!". Tu tiempo empieza… ¡ahora!

— 0 —

"Cuando plantas semillas en el jardín, no cavas cada día para ver si ya han germinado. Simplemente riegas y despejas las malezas, sabes que las semillas crecerán a su debido momento. Similarmente, solo realiza tu práctica diariamente y cultiva un corazón amable. Abandona toda impaciencia y, contrariamente, trata de estar contento creando las causas para el bien; los resultados vendrán cuando todo esté listo".

Thubet Chodron

CAPÍTULO 2
SUPERA LOS DESAFÍOS

¿Por dónde empezar cuando la vida trae problemas que nos desafían de verdad?

Sí, el título de este apartado tiene un pequeño juego de palabras: los problemas que nos desafían de verdad tienen real dimensión dentro de cada persona, por lo que el termostato interno para ponerles algún tipo de grado de dificultad depende de experiencias individuales.

Sin embargo, en la naturaleza humana donde lo único que permanece constante es el cambio, quizás podamos convenir en que hay cierto tipo de problemas que revisten mayor gravedad que otros. Un accidente, pérdidas irreparables, diagnósticos de salud que irrumpen en lo cotidiano, cambios intempestivos en medio de lo que empezábamos a disfrutar, el final de una relación anhelada, pueden ser algunos ejemplos.

Hay etapas de la vida en que parece que el rompecabezas se desacomoda de tal forma que quizás nos está invitando a mirar las cosas desde otra perspectiva. Además, si pudiésemos tener la claridad para observar en perspectiva, quizás veamos cómo con el correr del tiempo algunos aspectos de aquel momento crítico podrían ser resignificadas en un objetivo superador que nos permite seguir adelante.

Hemos conocido el caso de una mamá que, ante la muerte de su hijo aplastado por un balcón de un edificio decidió constituir una organización no gubernamental para apoyar determinados temas relacionados con la infancia. Otra, que, ante la pérdida de sus piernas, empezó a desarrollar destrezas y habilidades postergadas por décadas, y se transformó en una artista plástica exitosa.

Posiblemente muchos de ustedes conocerán historias de superación parecidas. Y allí empieza el camino de conocimiento y de sabiduría, donde podemos avanzar, quizás a paso muy lento, aunque firme, más allá del dolor y la tragedia.

Uno de los puntos de partida tiene que ver con asumir el hecho con toda la contundencia que encierra, sin eufemismos y sin intentar maquillarlo. Este paso requiere de una entrega especial a la escucha interna atenta y visceral; y del saber pedir al entorno que sepan respetar este tiempo de duelo. Siempre se trata de un duelo, por más que no haya que lamentar pérdidas de otras personas amadas.

Hay algo que se va, que ya no estará más -o al menos, por un buen tiempo, como por ejemplo cuando afrontamos un tratamiento médico continuo-. Y aunque luego finalice esa etapa, hay un latir interno que no regresa: lo que devuelve la vida ha sido modificado irremediablemente.

La siguiente fase, que la psicología y psiquiatría describen con mucha precisión, es la de la aceptación. Imagínate que, si a veces nos cuesta aceptar situaciones sencillas de lo cotidiano, ¡lo que puede significar asumir el terremoto en que se ha transformado una determinada etapa de la vida!

Sin embargo, es precisamente el tenor del derrumbe directamente proporcional a la fortaleza que se crea de no sabemos dónde, para afrontar y seguir lo mejor que podamos.

Sí así lo elegimos, ahí empieza otro proceso lleno de sabiduría y de conexión interna: reconstruirnos por dentro, para, luego, quizás, tal vez, algún día -sí, todas estas expresiones en tiempo condicional marcan el estado latente de deseo- haberle 'encontrado la vuelta' a esto difícil y desafiante, y, desde allí, comenzar de nuevo.

Así como una cicatriz, con el tiempo, puede casi desaparecer, las experiencias de gran desafío vital no necesariamente se esfumarán como por arte de magia. Sino que, por el contrario, permanecerán como un hilo transversal en muchos estadios de lo que sigue en la vida, para marcar un punto de referencia extremadamente sutil, extremadamente útil si lo sabemos capitalizar.

Es posible que en el camino tengamos la sensación de rendirnos. "Rendirse" no en el sentido de "abandonarse", sino de entregarse al fluir de las cosas, cuando ya hay tanto desajuste dentro y fuera nuestro, que lo único que podemos hacer para cooperar, es entregarnos al fluir de las cosas. En tiempos de mayor equilibrio en la vida, por lo general muchas personas están enfocadas en el control de las situaciones, y en esa tendencia obsesiva a querer que todo salga a mi manera. Lo que esta etapa de profunda transformación viene a enseñar, es que la vida no funciona como un control remoto: la vida, simplemente, es. Es lo que es. Y si me resisto a asumirla de esta forma -sin que esto se transforme en un conformismo crónico y sin responsabilidad individual sobre los hechos y las cosas-, posiblemente el camino de reconstrucción sea más arduo y complejo.

Otra cualidad que puede asistirnos es la del optimismo. No se trata de hacer que soy feliz cuando no lo estoy, aunque podemos empezar a reconocer pequeñas conductas negativas reiteradas que quisiera cambiar o alterar en positivo, paulatinamente, muy lentamente, para alcanzar un mejor estado de bienestar interno y externo. Llevar un registro escrito en un block de notas puede ser de mucho apoyo para tomar consciencia del avance que vamos logrando. Y al observar cómo lo estamos haciendo, automáticamente nos cargará de la energía que necesitamos para el siguiente paso. El optimista mira el vaso medio vacío para reconocer el vaso medio lleno -o, aunque sea, las exiguas gotas que contiene en el momento de desafío extremo-. Por lo que la perspectiva de la mirada del asunto tiene especial significancia.

Poner en palabras lo que siento es también fundamental para soltar el aislamiento en el que solemos sumirnos. La reflexión compartida con otro, suma sobre todo si podemos pedirle -y hasta enseñarle de muy buena manera- de qué forma quisiéramos que nos acompañe en este momento. La escucha abierta, empática y desapegada al 'te voy a hacer sentir mejor', sería lo más apropiado. Otra forma de hacerlo es frente a un espejo y en soledad. Mirarnos a los ojos con la profundidad del alma afligida y dolorida, y expresarnos sinceramente el fluir de emociones y pensamientos que seguramente empezarán a salir.

En momentos de mucha incertidumbre sobre el devenir de las cosas, apoyarme en mi fortaleza es esencial en todo momento. Para hacerlo, podemos diseñar alguna herramienta interna para asistirnos en traer esa consciencia presente diariamente. Una lista, una frase en positivo sobre cómo deseo salir de esta situación; la visualización; la meditación; la respiración y el reemplazar imágenes mentales negativas por paisajes bellos de la naturaleza, son parte de esta ejercitación que, si la hacemos una rutina, se integrarán eficazmente de allí en más hasta dejar este mundo. Así funciona.

Detectar oportunidades de cambio puede ser otra excelente forma de mirar los problemas. ¿Qué estoy aprendiendo acerca de mí, la situación y las demás personas? ¿De qué forma me relaciono con el entorno? ¿Cómo va mi confianza en el proceso? ¿Tengo solamente esperanza, o la he reforzado con el increíble condimento de la fe? ¿En qué aspecto de mi vida veo reflejado este presente? ¿Hay algo que pudiese hacer mejor en medio del caos y la desesperanza? Quizás no podamos responder todos los interrogantes juntos; aunque sí es posible integrarlos paulatinamente, a tu propio ritmo, en el terreno de lo hipotético y lo posible. Una forma muy eficaz para enunciar esto sería utilizar el enunciado "¿Y qué tal si...?" seguido de sentimientos y emociones lo más positivas posibles. Vale la pena el intento.

Buscar ayuda profesional en todo momento se convierte en la herramienta más poderosa que tendrás. Aquí, la elección es tuya si estás en condiciones de hacerlo, o de alguien que te conozca bien.

Suma lecturas positivas en tanto sea posible. Deja de lado al principio la imposibilidad de enfocarte en lo que lees -es normal que no puedas estar totalmente presente al principio-; aunque si te das la oportunidad de hacerlo muy despacio, paulatinamente, incorporarás algo más que te invite a navegar por otros mundos, más allá del momento por el que estás atravesando.

Y aquí apareció la otra clave: atravesar el proceso. Saber que esto empieza, lo estoy viviendo y sintiendo a fondo; es doloroso; siento miedo, temor y todas las emociones de las mal llamadas 'negativas'. Deja de anestesiarte ante estas vivencias: recíbelas con las manos y el corazón abiertas. Deja que la tristeza salga en forma de lágrimas. Dale la bienvenida al dolor, y ten la certeza de que, luego de ese tiempo, habrá un poco más de calma de espíritu. Así es.

Hay una frase que asevera que no se nos da nada que no podamos manejar. Manejar no es lo mismo que controlar. Manejar aquí significa gestionar lo mejor posible nuestro momento, las emociones, los sentimientos, y todo el entorno que se presenta.

En esa dinámica de gestión interna está la llave cifrada para resignificar este momento de desafío, y alcanzar de a poco, lentamente y sin pausa, el equilibrio que irá reapareciendo un día. Irrumpirá sin saber cómo. Y, sin embargo, volverá a brillar nuestro espíritu, ahora más sabio, paciente y curtido por las vivencias de esta historia de vida. En muchos casos, sobreviviremos para contarla. Y de no ser así, el entorno tendrá la certeza que, en el último tiempo en este plano físico, hemos hecho todo lo mejor posible, preparándonos para cada instante que sigue.

El valor que no se ve

Para empezar este apartado, te invito a leer una historia de esas que, realmente, hacen bien e invitan a la reflexión.

¿TE SOLTARÍAS?"

Cuentan que un alpinista, desesperado por conquistar una altísima montaña, inició su travesía después de años de preparación. Él buscaba la gloria solo para él, por lo tanto, subió sin compañeros.

Empezó a subir y se le fue haciendo tarde, y más tarde, y no se preparó para acampar, sino que decidió seguir subiendo, y oscureció.

La noche cayó con gran pesadez en la altura de la montaña. Ya no se podía ver absolutamente nada. Todo era negro, cero visibilidades, la luna y las estrellas estaban cubiertas por las nubes.

Subiendo por un acantilado, a solo unos pocos metros de la cima, se resbaló y se desplomó por el aire, cayendo a velocidad vertiginosa. El alpinista solo podía ver veloces manchas oscuras y la terrible sensación de ser succionado por la gravedad.

Seguía cayendo y en esos angustiantes momentos, le pasaron por su mente todos los episodios gratos y no tan gratos de su vida. Pensaba en la cercanía de la muerte.

Sin embargo, de repente, sintió el fortísimo tirón de la larga soga que lo amarraba de la cintura a las estacas clavadas en la roca de la montaña.

En ese momento de quietud, suspendido en el aire, no le quedó más que gritar:
- *"¡Ayúdame, Dios mío...!"*
De repente, una voz grave y profunda de los cielos le contestó:
- *¿Qué quieres que haga?*
- *¡Sálvame, Dios mío...!*
- *¿Realmente crees que yo te puedo salvar?*
- *¡Por supuesto, Señor!*
- *Entonces corta la cuerda que te sostiene.*
Hubo un momento de silencio; el hombre se aferró más aún a la cuerda...
Cuenta el equipo de rescate, que al otro día encontraron a un alpinista colgando, muerto, congelado, agarradas sus manos fuertemente a la cuerda... a tan sólo dos metros del suelo.

Todos venimos con nuestra propia carga de experiencias, historias personales y vivencias desde que aparecimos en esta forma física en el mundo (y aún antes, en el vientre que nos concibió). Con el tiempo, nos fueron entregadas muchas herramientas, y otras que fuimos conquistando a medida que crecimos, incluso aquellas basadas en el ensayo-error e, incluso, como producto de las experiencias dolorosas y límites por las que tal vez hemos atravesado en ciertas etapas.

Algunos, posiblemente hayan tenido el precioso regalo de ser estimulados, amados, queridos y abrazados por los mayores y por distintas personas y seres que le entregaron su afecto incondicional. Otros, tal vez hemos sabido adaptarnos como pudimos a un mundo tal vez hostil, a veces doloroso y desafiante, lo cual nos ha fortalecido y dado impulso para salir adelante. A la distancia, nos decimos "he hecho lo mejor que pude con los recursos que tenía".

Por eso, el valor en nosotros mismos, sobre todo cuando no hemos sido convenientemente acompañados ni estimulados desde chicos, tal vez haya sido uno de los mayores obstáculos que debimos sortear. Mirábamos con ojos niños a otras personas que, en apariencia, se mostraban fuertes y valerosas, y los observábamos con la esperanza interna de, alguna vez, desarrollar esa habilidad y hacerla propia.

Tener valor no es sólo tener coraje; en mayor o menor medida, todos hemos experimentado eso cuando atravesamos algún dolor, el primer desencanto amoroso, cuando nos atrevimos a hacer algo que temíamos o cuando pasamos esa barrera –antes infranqueable- de aquello que nos parecía una utopía a lograr.

Tener valor es confiar plenamente en mi capacidad, habilidad y fortaleza interna, más allá de lo que ocurra alrededor. Es adoptar una actitud frente a la vida y sus situaciones que van más allá de la justificación. Es aceptar al ciento por ciento mi parte de responsabilidad en cada momento, y, a partir de allí, actuar en consecuencia. Es borrar los limitantes internos como el "pero", el "no", y es, decididamente, plantarnos frente al desánimo y el bajón generalizado de un mundo en constante cambio, para reforzar nuestra fortaleza interna, utilizándola como trampolín hacia lo nuevo.

Para tener valor hace falta confiar. No se trata, en este caso, sólo de una fe ciega en que algo bueno va a pasar (aunque una buena dosis de esperanza siempre aquieta nuestra ansiedad y desasosiego); sino de revisar conscientemente nuestra cadena interna de confianza y, desde allí, cambiar algunos eslabones que quizás estén débiles u oxidados, por otros más nuevos, basados en la experiencia que da el proceso de crecer y avanzar en la vida. Así, tendremos una nueva cadena de valor interno para usar como guía y apoyo cuando estemos ante los desafíos y obstáculos.

También es necesario atreverse a salir de la zona cómoda: ese espacio que hemos construido donde todo nos parece normal y difícil de cambiar… aunque se torne poco confortable. Aquí la clave es: un paso a la vez, hacia la meta que quieras proponerte. Y una vez que la alcanzaste, fijarte un nuevo pequeño escalón hacia delante. Recuerda: "Pequeños cambios microscópicos, hechos en momentos estratégicos, producen un gran impacto."

10 claves para ejercitar tu valor y coraje

¿De dónde sale la fortaleza interna? ¿Cómo tomar coraje e impulso para continuar? Una parte del proceso para recobrar valor es comenzar a limpiar nuestra mente y emociones de aquellas toxinas que la han contaminado durante tantos años. Aquí van algunos pequeños recursos que pueden ser útiles para restaurar el valor en nosotros mismos; sencillas formas de comenzar a operar el cambio que queremos observar y vivir de aquí en más:

1. Toma varios minutos al día para estar en silencio. Si no estás con disposición o entrenamiento para rotular esto como "meditación", no hay problema: lo importante es que dispongas de un tiempo para estar a solas con vos.

2. Esquiva los mensajes tóxicos. Por ejemplo, las malas noticias de los noticieros y diarios (sin por esto vivir fuera de lo que pasa; más tarde o más temprano nos enteraremos de todo lo que necesitamos saber). Es verdaderamente increíble lo que se opera a nivel celular y espiritual cuando dejamos de contaminarnos con tantas malas noticias.

4. Utiliza estímulos externos que te ayuden a conectarte con tu valor y la auto confianza en acción. La música, los aromas, los mandalas, hobbies abandonados, pueden ayudarte a crear una mejor experiencia interna que, luego llevarás a lo externo en tu andar por la vida.

5. Crea una afirmación en positivo. Una frase corta, en tiempo presente, que te ayude a recobrar la calma y el equilibrio cada vez que lo necesites. Escríbela y colócala en un lugar visible, y repítela internamente cada vez que quieras.

6. Justo antes de dormirte, haz un breve "balance de gratitud". Una lista sólo con las cosas por las que estás agradecido. Este es un buen punto de referencia que actuará en un nivel sutil en las horas de sueño, para comenzar a crear una nueva mirada interna al ejercitarlo con constancia.

7. Comparte tus dones y habilidades. Muchos de nosotros quizás estemos sobreocupados en tareas cotidianas, y nos da pereza destinar algo de tiempo a nosotros mismos. Sin embargo, podemos encontrar un mayor equilibrio al hacerlo, también, por otros. Esta retro alimentación es fundamental para empezar a cambiar internamente en forma gradual y a sentirnos a gusto y plenos, encontrando parte del sentido de la vida.

8. Caminar, bailar, reír, estar con amigos del alma, leer, participar de actividades recreativas y donde interactuemos con otros, pueden ayudarte a conquistar mayor confianza.

9. Busca apoyo en profesionales de las áreas en las que lo necesites. Hay momentos en que necesitamos que nos ayuden, nos guíen y orienten en el camino de desplegar nuestro propio potencial. Elegí personas con la que te sientas a gusto y que promuevan tu crecimiento y tu bienestar.

10. Conéctate con la naturaleza. Caminar descalzo en un parque, dedicar un tiempo a la contemplación de las flores, árboles, cielos, estar al aire libre y hacer algún ejercicio que te resulte placentero, produce un mayor estímulo de endorfinas, que son pequeñas proteínas derivadas de un precursor producido a nivel de la hipófisis, una pequeña glándula que está ubicada en la base del cerebro. Cuando esta glándula es estimulada, se producen efectos que, entre otros, incluyen paulatina disminución de la ansiedad y la sensación de bienestar, tranquilidad, mejora el humor y la visión positiva de los desafíos cotidianos.

Sé paciente. Los resultados se conquistan paso a paso. Este ejercicio sobre nuestra ansiedad nos traerá mayor sentido, y disfrutaremos más del proceso de recobrar el valor que todos tenemos y que, con determinación y constancia, podrás reforzar y manifestar más claramente en tu vida.

¿Cómo vencer el miedo al cambio?

Desde que vinimos al mundo estamos atravesando distintas etapas de evolución. A veces en forma inconsciente, y otras con total uso de la razón, vamos creciendo y viviendo entornos de cambio.

Cuando llegamos a adultos, los preconceptos, la cultura en la que fuimos educados y los contextos nos han impuesto un modo de vida, que, cuando se ve desafiado, nos saca del espacio cómodo.

Este es uno de los motivos por los que los cambios en cualquier aspecto de la vida son asumidos por casi todos los seres humanos con una carga negativa, llegando incluso a paralizar las mejores intenciones. ¿Por qué lo vivimos de esta forma?

Básicamente, porque en la cultura occidental hemos construido un falso modelo de permanencia en el status quo de las cosas y todo lo que nos mueva de esa condición nos mueve de raíz.

El cambio es evolución, es parte del proceso de la vida. Es algo inherente a la condición humana: de hecho, para ir a algo muy imperceptible, las células del tegumento que recubre el cuerpo se renuevan cada 20 o 30 días. Eso significa que a lo largo de la vida estrenamos pellejo alrededor de... ¡mil veces! Pero tales mudas sólo afectan a la epidermis. La piel es el mayor órgano del ser humano, con una superficie de unos 2 metros cuadrados y 4 kilos de peso.

Imagina entonces que cambiar hábitos, trabajos, relaciones, mudarnos a un nuevo lugar e incorporar lo nuevo, significa niveles mucho más profundos donde también se involucra nuestra emocionalidad.

Aquí van cinco reflexiones sobre el valor de los cambios y cómo podemos afrontarlos con la mejor actitud, para ayudarnos a estar mejor preparados:

1. Los cambios son parte del equilibrio: aunque parezca de Perogrullo, el estar abiertos y receptivos a la posibilidad de mutar en nuestras elecciones incluso las más profundas, conlleva en sí mismo la búsqueda de un mayor bienestar. La esencia del cambio es mejorar, buscar alternativas que contribuyan a nuestra mejor calidad de vida, entorno, situación o cualquier otro aspecto. Mirado desde esta perspectiva, el cambio se convierte en un escalón de infinitas posibilidades de crecimiento.

2. Cambiar es poder cerrar parte del pasado: muchas veces hay situaciones que nos persiguen cíclicamente, como si estuviésemos entrampados en ellas. Al elegir algo completamente diferente -incluso si lo hacemos en forma gradual y programada lo mejor posible- el resultado ayudará a alejar esos fantasmas y a prepararnos mejor para un punto de vista novedoso que, a su vez, nos abrirá la puerta a mejores experiencias que iremos incorporando en la historia de vida. Si podemos soltar esa parte del pasado que nos ata incluso a situaciones dolorosas, llegaremos cada vez más a un nivel de maestría interna que contribuirá a ser más flexibles ante cada desafío que se presente.

3. No fantaseemos en negativo: otra gran carga de la "mala prensa" que tienen los cambios es colocar en un nivel inconsciente todas las contras que tiene este proceso. Como se trata justo de eso (un "proceso") se alimenta y retroalimenta del paso a paso para alcanzar eso nuevo que anhelamos. Aléjate de las personas que sólo quieren que te quedes en el mismo lugar: "es preferible malo conocido que bueno por conocer", nos suelen "aconsejar". ¡Menudo consejo a costa de aumentar nuestros miedos! Evalúa la situación; establece una meta razonable; consigue información de distintas fuentes; prepara el cambio lo mejor que puedas y zambúllete como lo harías en una maravillosa piscina de aguas algo movedizas, aunque con la certeza de que siempre saldrás fortalecido de ese baño con lo nuevo.

4. Piensa en el resultado exitoso: si estás ante un desafío que tiene un nivel de riesgo -desde muy pequeños hasta gigantes-, ya que vas a fantasear hazlo en grande y teniendo éxito. Sumirse en pensamientos negativos y limitantes sólo atraerá más de eso hacia ti. En cambio, piensa en lo nuevo que obtendrás, cualquiera sea la experiencia que estás persiguiendo al cambiar. Recuerda que los pensamientos crean estados de consciencia y éstos determinan las acciones que verás reflejadas en la realidad de tu vida. Por lo tanto, reemplaza el miedo por acción; la duda por certezas; la ignorancia por conocimiento; lo desconocido por innovación; lo imprevisto por creatividad. Y así no hay forma de perderse la aventura que trae implícita cualquier cambio.

5. Enfócate en lo que te haga feliz: esta clave, que parece muy simple, le da sentido a todo lo demás. Hemos venido a hacer muchas cosas en el mundo y los que tienen la determinación y la valentía suficiente la van construyendo diariamente. Si el cambio que se presenta te trae una porción de felicidad, sería de necios dejarlo pasar. Evalúa, recapitula tu momento presente y elige lo mejor.

Como veremos más adelante, otro tema es el cambio al que somos impulsados por motivos externos o que nos superan, como una guerra, una inundación, un desafío en el área de salud o las pérdidas que ya no podemos recuperar. Es allí donde la templanza y la verdadera fortaleza del Ser se manifiesta con toda su fuerza. Es un escalón, un gran punto de referencia de que no se nos da casi nada que no podamos manejar.

Es probable que ante lo inevitable debamos atravesar por muchos estados emocionales y confrontarlos lo mejor que podamos, con las herramientas que tenemos a mano. Lo que sí es seguro es que, tras algún tiempo -y el periodo es variable para cada uno- la fortaleza y dominio interno que habremos adquirido será tal que es muy difícil perder de vista todo lo que somos capaces de lograr para rehacer nuestra vida de las cenizas. Y tal vez allí, aunque sea muy doloroso el camino, se encuentre gran parte del significado de esa experiencia que estamos atravesando.

¿Cómo adaptarnos a la velocidad en que cambian el mundo?

Estamos en una era donde el desarrollo trae aparejados cambios de paradigmas (entendidos como creencias a las que le damos el valor de la razón absoluta) y los cambios son constantes. Tan cotidianos que exceden todo marco lógico muchas veces.

La frase "hoy estamos, mañana no sabemos..." cobra fuerza de generación en generación, ya que el instante presente es lo único que tenemos. Y aun así muchas personas no hemos aprendido a disfrutarlo y saborearlo a fondo.

El vértigo actual, la sobreabundancia de información y mensajes, la casi imposibilidad de hacer un filtro para discernir qué es lo importante y qué lo urgente, nos lleva frecuentemente a perder el sentido. Es como una brújula que se volvió loca. Así nos vemos y sentimos muchas veces irremediablemente solos, perdidos entre la multitud de una gran ciudad, o la soledad de un paisaje maravilloso. El entorno no cambia la sensación interna: a veces sólo la agudiza.

"¿Dónde quedó la felicidad?" es la pregunta más recurrente entre aquellos que se animan a explorarse mediante el coaching y dinámicas de reflexión. ¿Debo postergarme aún más? ¿Qué es lo verdaderamente importante para mí en esta etapa de la vida? ¿Para qué vine al mundo?

Lo cierto es que, si lo único permanente es el cambio, podemos estar bastante tranquilos: parece ser que esta célebre cita fue acuñada por Heráclito, un filósofo nacido hacia el 544 antes de Cristo, aproximadamente, y vivió en Éfeso, ciudad enclavada en la costa Jonia, al norte de Mileto, hasta su muerte, en el 484 antes de Cristo. Otros filósofos como Aristóteles y Platón, parece que aseveraron que la frase pertenece a Heráclito, en un sentido amplio: el concepto del cambio permanente. O sea que la idea del cambio no es algo nuevo, sino que viene de siglos y siglos.

Lo que es muy probable es que la vertiginosidad del momento presente hace que tengamos que tener muchísimas condiciones para adaptarnos muy frecuentemente a los entornos con giros tan bruscos, hasta de 180 grados, en muy poco tiempo. En el mundo del trabajo, todo tipo de organización vive esta tormenta permanentemente. En los negocios, las finanzas y la política, también. Prácticamente no hay actividad que pueda ser definida ni liderada de una manera estanca -como hace apenas 15 años-.

Vemos con sorpresa en las descripciones de búsquedas laborales todo tipo de descripciones que cada vez más, amplían el espectro de personalidad y habilidades que se buscan. Y se menciona, con mucho énfasis, "habilidad para tolerar la frustración y para el trabajo en entornos cambiantes."

En este contexto, y, así las cosas, la clave es movernos dentro de nuestro marco ético, y desarrollar condiciones que nos permitan ir transitando las complejidades del presente sin tanta frustración ni enojo: si desde el vamos sabemos que habrá cambios, entonces, ¡bienvenidos sean! Escribirlo es bastante más sencillo que ponerlo en la práctica; de hecho, uno de los mayores motivos de insatisfacción en relaciones, trabajos, sociedades comerciales, dinámicas grupales de bien público, estudios y cualquier actividad que uno realice, es, precisamente, el cambio intempestivo que llega para prácticamente arrancar de cuajo el método y el proceso que seguíamos, para volver a empezar una y otra vez.

Estas cinco claves parecen tener la llave para movernos más efectivamente ante los cambios, ya sea que estemos en medio de una situación que mutará en cualquier momento, o que nos resistimos a probar algo distinto:

1. Flexibilidad: estar preparados y predispuestos. Es como cuando irrumpen hechos irremediables en la vida; no hay muchas chances, y sólo nos queda ver qué podemos seguir haciendo con lo que tenemos a nuestro alcance. Esto puede adquirir gran significancia para el desarrollo personal, ya que permitirá que fructifique la resiliencia.

2. Comprensión: nutrirme de todas las fuentes posibles para ver cuál puede ser el aporte de valor desde mí para este cambio que se está produciendo.

3. Visión del entorno global: es decir, no mirar sólo mi pequeña quinta. Levantar la mirada, observar alrededor, pedir ayuda y cooperar entre pares, para sobrellevar mejor los nuevos tiempos.

4. Pensamiento lateral: mirar las situaciones desde diferentes perspectivas y establecer alternativas, para llegar a pensar distinto. Esto nos traerá la apertura de una pequeña hendija por dónde iremos dejando entrar lo nuevo. Si no estoy conforme con cómo se van dando las cosas, puedo planificar mis siguientes metas para hallar el espacio donde pueda expresarme y participar mejor.

5. Innovación: muchas veces, los cambios vienen de la mano de procedimientos, negocios y desarrollos inéditos. Por eso si los asumimos con verdadera voluntad creativa, y más aún, innovadora –es decir, un paso más adelante que el puro acto de crear-, adquiriremos pronto nuevas destrezas que se sumarán a las que traíamos y que debemos ir ajustando paulatinamente para el nuevo panorama.

Siempre se dice que los cambios son buenos y que debemos darle la bienvenida… claro que muchas veces el consejero es alguien que se para en su seguridad o en su visión, y no está en nuestro pellejo. Aun así, de no tener alternativas de corrernos al costado, asumirlos como desafíos para crecer puede ser una excelente alternativa.

"De todos modos tendrás que atravesar esta situación desafiante. Puedes hacerlo llorando o riendo, y eso es exclusivamente tu propia elección", ha dicho el educador John Roger.

¿Acaso el cambio viene a enseñarnos muchas de estas cosas? ¿Nos vamos convirtiendo en pequeños maestros ilustrados en el arte del cambio y de reinventarnos? Tal vez no sea una mala idea estar abiertos y más flexibles, para fluir con lo que se va presentando, sin tanta elaboración de "corrales mentales" y más acción hacia adelante, pensando que hay algo nuevo que puede sorprendernos, para bien.

Cómo reinventarte profesionalmente y en cualquier aspecto de la vida

La vida tiene ciclos, así como también los trabajos y momentos profesionales. Nada es para siempre. Por eso a veces se presentan situaciones que pueden extenderse hasta años y años, donde no estamos conformes ni felices con lo que hacemos, y seguimos en esa rueda casi como autómatas. Tal vez la actividad nos apasiona, pero la forma, el contexto y hasta nuestra remuneración no llegan al umbral de satisfacción al que aspiramos para conformar un todo equilibradamente. Será entonces el tiempo de reinventarnos profesionalmente.

A una gran mayoría de las personas esto les produce terror: ¿Cambiar? ¿Yo? ¿A esta altura de la vida? ¿Dejar todo y empezar de nuevo? ¿Y si sale mal? Después de todo no me va tan mal, así como estoy, son parte de las argumentaciones inconscientes que pueden aparecer.

Sin embargo, lo mejor será que empieces a diseñar este nuevo momento profesional. Porque cuando ya sientes que hay algo que está marchito y se está acabando para ti, es el indicio de que no estarás así por mucho tiempo, o lo que es aún peor: podrías pasarte el resto de tu vida quejándote y haciendo algo que ya no te gusta.

Este apartado no habla sobre cómo cambiar de trabajo, ni de cómo enfocar tu carrera. Se refiere al momento en que decidimos cambiar por algo superador. Y aunque nos dé vértigo y adrenalina, si lo sentimos verdaderamente, es la hora de empezar el cambio.

El "Momentum"

Momentum es un término que proviene de la física, y que se refiere a la cantidad de movimiento, momento lineal, ímpetu que describe el movimiento de un cuerpo en cualquier teoría mecánica. En mecánica clásica, la cantidad de movimiento se define como el producto de la masa del cuerpo y su velocidad en un instante determinado.

¡Por favor, un poco más claro que no entiendo nada!

OK: aquí vamos: Momentum es un término que proviene de la física, y que se refiere a la cantidad de movimiento, es decir, las acciones que deberé planificar como metas e ir poniendo en acción en forma concatenada para lograr un resultado que estoy buscando. En mecánica clásica, la cantidad de movimiento se define como el producto de la masa del cuerpo, en este caso yo mismo redefiniendo mi carrera profesional, y su velocidad en un instante determinado; es decir, en este instante y así, proyectado hacia el futuro que deseo conquistar en un proceso incesante y persistente.

Lo importante de este asunto es que podemos generar nuestro "Momentum" permanentemente, y tantas veces como sea necesario. Al depender en gran medida de nosotros mismos, seremos el director de la orquesta que busca afinar ese nuevo tiempo de nuestro plano profesional.

Si bien un rediseño de carrera no se genera de la noche a la mañana, puedes estar seguro de que si lo ejecutas con paciencia y constancia los resultados se van obteniendo paso a paso. Aquí, estos dos factores con cruciales. Los resultados pueden demorarse en manifestarse, y a veces creeremos que hemos hecho todo lo posible, y sin embargo no se produce el cambio: es justo ese instante, ese "Momentum", en que no debes dejarte caer, ya que se ha demostrado que en el 99% de los casos es el tiempo preciso en que las cosas comienzan a cambiar de acuerdo a tu plan.

Madurando el cambio

Hay personas que pueden entrar y salir de relaciones amorosas sin mayores problemas; y otros a los que les cuesta más. Cuestión de gustos, de estilo y de dinámica interna, sin entrar a hablar de otros factores.

Lo mismo sucede con los rediseños profesionales. Existen personas que tienen mayor facilidad que otros para reinventarse.

En estos casos, aquí van las cinco cosas que se ha comprobado que hacen para cambiar el rumbo de sus vidas:

1. No tienen miedos paralizantes: si bien sienten lógicos temores no se dejan vencer por los fantasmas negativos.

2. Piensan cada detalle: pero no se pasan quince años pensando el diseño de la cosa. La ponen en acción, y la van mejorando. Es como hacer una artesanía en barro: la van moldeando día a día, hasta que la pieza esté lista para salir al mercado.

3. Dejan de lado todo lo que no les suma: esto incluye ir cortando relaciones que no apoyen este cambio; no se trata de borrarlos de tu vida, sino de protegerte de la influencia nociva que muchos -que no se animan a cambiar- intentarán ejercer sobre ti.

4. Trabajan las 24 horas: Sí. Aun cuando duermen, sueñan despiertos. "Viven" su cambio. Lo sienten. Le ponen emociones. Se visualizan a sí mismos conquistando esa nueva experiencia.

5. Activan sus redes: están con las antenas paradas todo el día, y detectan cada oportunidad. No se trata de sacar provecho de los demás, ni de apresurar los pasos: están en constante aprendizaje. Emulan a los exitosos; leen biografías; ven videos; escriben sus borradores; empiezan a bajar a un soporte físico todo lo que sienten y lo que quieren construir.

Paso a paso, el plan para reinventarnos

1. Dar el primer paso. Así como eres capaz de crear valor para otros, quizás desees empezar a hacerlo para ti mismo. Si tienes la dicha de tener un trabajo, por poco que te paguen, no lo sueltes hasta el momento en que estés listo para hacer el gran cambio: esto se llama sentido de realidad. Si has negociado tu salida y estás dispuesto a emprender: haz bien el cálculo de entradas y gastos, para saber cuántos meses estarás cubierto. Esto te producirá menos estrés en el camino, y, además, dirigirá tu energía en un período concreto en el que necesitas tener nuevos ingresos.

2. Focalízate en tus fortalezas, y expándelas. Ratifica que esas fortalezas están de acuerdo con tu misión de vida (es decir, qué es lo que le da sentido a tu paso por el mundo) y cómo puedes rentabilizarlas para generarte el sustento que consideres apropiado para ti.

3. Investiga e investiga. Todo el día. Hay muchas personas en el mismo proceso, así que será sencillo encontrar miles de ejemplos para conocer cómo lo están haciendo, y cómo lo han logrado.

4. Escribe tu plan de metas / plan de negocio. Este es un paso que la mayoría de la gente deja pasar como si no fuese importante, pero no es lo mismo tener las metas y el diseño de tu empresa en la cabeza y en el corazón, a que si las vuelcas con todo detalle por escrito. Ponles fecha, hora, y cualquier detalle que enfoque tu energía.

5. Evita las dispersiones. Si eres un poco volado, pon los pies sobre la tierra. Da pasos en firme por pequeños que sean, porque la clave es que sigas dándolos, y no qué tan "grandes" sean: los detalles cuentan.

6. Deja el pasado. Si has tenido muy buenos salarios o posiciones profesionales, y ahora vas por ser independiente como profesional, aprovecha la experiencia anterior, poténciala como aprendizaje activo, sin quedarte anclado en esas añoranzas. Te aseguro que esta es una de las cosas más desafiantes al reinventarte.

7. Define tu estrategia personal. Esto incluye actualizar -o crear- tu presencia en redes sociales profesionales; preparar tus materiales de venta de la nueva actividad; indagar tus prospectos (aquellos a los que podrás ofrecer tu producto). Si el producto eres tú, esto se llama *Branding* Personal, así que empieza a verte de la misma forma en que abordarías la venta de un tercero o algo externo a ti. La misma técnica funciona para generar resultados comerciales.

8. Indaga en tu red de contactos. Actualiza tu agenda. Haz por lo menos cinco contactos diarios hasta que la cosa se ponga en movimiento. No decaigas. Analiza los "no" que te rechazan (que serán aproximadamente un 95% de los casos), y estimúlate con los "Sí" (el otro 5%). ¿Desigual la proporción? ¡Bienvenido al mundo real!

9. Analiza el resultado. Sé objetivo. Felicítate por los logros, por mínimos que sean. Y también, corrige y sigue adelante.

10. Repite todos los pasos anteriores ininterrumpidamente, sin dejarte estar. Día tras día. Necesitas adquirir el hábito de lo nuevo. Recuerda que estás reinventándote, lo que significa que estás creando un nuevo escalón en tu carrera.

Una y otra vez es la clave. Todo el tiempo, todo el día. Debes vivir esta nueva experiencia al máximo. Alcanzar tu Momentum no es algo mágico ni que se genera instantáneamente: es producto del trabajo duro y persistente que le pones a cada acción que haces. Es como un dominó: donde una ficha encaja con las demás.

Juega tu partida de redefinir tu carrera lo mejor que puedas. La experiencia que estés buscando (por ejemplo, libertad, creatividad, innovación, felicidad, expansión, manejar tus horarios, mejorar tus ingresos, tener más espacio para tu familia y para ti) serán la gran guía y motivación para seguir adelante.

Las dificultades se van a presentar. Sin embargo, si te fortaleces desde adentro y no al revés, el éxito te está esperando.

La clave está en persistir, completar cada etapa y repetirlo tantas veces como sea necesario. No des más lástima: hazte cargo de tu vida de una vez por todas. Por si no lo sabes, y aunque parezca duro, tú eres el resultado de ti mismo. Tus pensamientos conscientes o inconscientes, tus miedos, limitaciones, tus dudas sobre tu valor y tu calidad profesional, y tu energía negativa, te jugarán una mala pasada si no los conduces adecuadamente.

Por eso, si no recibes el resultado que esperas, obsérvate con crudeza y seguro podrás ver una nueva área en la que debes reforzar aún más tu trabajo interno hacia el éxito que quieres.

Es inevitable que, si haces todo lo anterior continuamente, todos los días, el resultado exitoso no tardará en manifestarse: no es magia; es tu trabajo duro el que lo hace. Y esa es la fórmula de los que tienen la habilidad de crear prácticamente todo lo que quieren en su vida, más allá de los contextos, la economía del país, las puertas que se cierran y las crisis personales.

Si algo se está moviendo dentro de ti, dale la oportunidad de que se exprese y salga en forma de una nueva dirección profesional.

6 formas de empezar a flexibilizarnos si somos un tanto inflexibles

Por muchos motivos podemos comportarnos muchas veces inflexibles: por creencias, rigidez, historia personal, experiencias que nos han hecho que procedamos casi siempre de esa forma, y tantas otras.

En general las personas inflexibles suelen ser demasiado estrictas, no sólo consigo mismas sino con los demás. Todo debe resultar de una manera particular, y suelen sumirse en grandes dosis de decepción y frustración cuando las cosas cambian, como es natural que suceda en la vida.

Una distinción importante: una cosa es ser ordenados, prolijos, seguir procedimientos, planificación y estrategia para conseguir determinados resultados; y otra, la obsesión permanente (que adquiere muchos matices, llamados TOC en niveles extremos, trastornos obsesivos compulsivos), y que resultan un gran limitante para disfrutar de la vida, las relaciones y hasta del tiempo que pasamos con nosotros mismos.

Como la vida es un cambio permanente, para poder entender que es posible empezar a cambiar, podemos encararlo como un proceso gradual y sostenido en el tiempo.

Aquí van 6 ideas para integrar nuestro Ser flexible, si somos un tanto inflexibles en muchas ocasiones.

1. Prueba algo diferente: si el orden de tu rutina en el camino al trabajo es siempre el mismo (las calles en el mismo sentido, la circulación tal cual, los saludos y diálogos cotidianos), durante 2 semanas corridas experimenta la sensación del cambio toma un camino diferente y alternativo cada día, aunque sea de pocas cuadras. Haz un trecho caminando y reconoce el nuevo lugar con tu nueva mirada más flexible.

2. Pon a prueba tu tolerancia: ya seas el jefe o si formas parte de un equipo, o bien trabajas en forma independiente, o no estás en actividad, el desafío es integrar durante 7 días corridos no tomar posturas inmediatas sobre las cosas, conversaciones y decisiones. Generalmente, las personas inflexibles tienden a querer mantener el control todo el tiempo, y sobrereaccionan cuando no lo logran. Por eso, simplemente, quédate en silencio; desconéctate un momento del impulso que te surgirá como una tromba; y lo más importante: obsérvate interiormente. ¿Cómo te sientes? ¿En qué piensas? ¿Cuál es tu miedo / a qué temes si no tomas el control de inmediato? ¿De qué forma se dieron las cosas siendo más flexible? Hay valiosa información esperándote.

3. Rompe dos rutinas durante 2 semanas consecutivas: por ejemplo, si comes lo mismo ciertos días de la semana, cambia de menú. Deja la cama sin hacer durante dos días. No te bañes por un día. No laves los platos y la loza durante una noche. Cambia de lugar algunos objetos en tu casa. Y fíjate qué pasa dentro de ti. Es clave que lo sostengas durante dos semanas al menos para darte cuenta (tomar conciencia) de que posiblemente nada cambió sustancialmente; por lo que tu limitante interno controlador e inflexible pueda admitir que quizás no está tan malo salirse de la regla de vez en cuando.

4. Haz algo completamente diferente a lo habitual: si no sales a bailar, ve a una discoteca; puedes pedir ayuda a tus amigos y afectos para que te acompañen. Si tienes el impulso de responder de inmediato todos los correos electrónicos, deja pasar unas horas antes de hacerlo. Si estás conectado con tu móvil las 24 horas, apágalo temprano y enciéndelo al día siguiente. El desafío es incorporar lo distinto como algo cotidiano, y comprobar por ti mismo, haciéndolo -no sólo pensándolo- que las cosas no cambian por esos pequeños detalles.

5. Registra tu progreso: puedes hacer una lista de rutinas que estás modificando y cambiando. Y tacharlas una vez que hayas cumplido el plazo propuesto. Esto te dará la pauta muy gráficamente sobre la contundencia de tus cambios y la forma en que pudiste sostenerlos. ¡Bien por ti!

6. Elige no discutir: durante 48 horas seguidas, no entables conversaciones de litigios, discusiones, diferencias de posiciones donde siempre hubieses querido hacer prevalecer la tuya. Simplemente, observa las situaciones, haz lo que debas hacer si es algo urgente, pero no discutas ni te enredes en derroches de energía innecesarios. El resultado será que tendrás más optimismo, menos carga negativa al final del día, y que los demás empezarán a ver, al igual que tú, esos pequeños pasos de gigante que estás haciendo.

En el proceso de ser flexibles, hace falta desaprender todos los condicionamientos que nos han limitado por tantos años; y reemplazarlos por una nueva modalidad y submodalidades para que puedan tomar su lugar. Al mismo tiempo, al hacer el cambio, percibirás el beneficio inmediato: estarás con el cuerpo más relajado, más despierto y consciente de ti y del entorno; evitarás enfrentamientos innecesarios; tu organismo fisiológico funcionará mucho mejor -hasta es posible que dejes de padecer algún dolor o contracturas corporales-, y tu mente se irá abriendo un poco más.

Recuerda: los cambios son graduales. La clave es hacerlos sostenidos en el tiempo. En menos de un mes de probar lo nuevo, tendrás resuelta toda una historia de tantos años de limitaciones impuestas por tu propia rigidez e inflexibilidad; y te abrirás a descubrir nuevas formas de actuar y proceder, de acuerdo a lo que necesites que sea hecho, sin tanta carga energética de tu parte, y con una mejora notable en el diálogo contigo y con los demás.

10 habilidades de éxito de quienes han fracasado

Las personas que fracasamos varias veces en proyectos, relaciones y distintas situaciones de la vida tenemos un denominador común: la resiliencia, que es la habilidad de superar los obstáculos más rápidamente y con mayor entereza.

Hay muchos estudios a nivel académico sobre el valor del fracaso dentro del aprendizaje en este paso por el mundo. Este apartado refleja diez rasgos de habilidades de éxito que se desarrollan ineludiblemente a partir de fracasar:

1. Mayor autoconocimiento: ante la contundencia del fracaso, más del 90 por ciento de las personas se retraen y no intentan nuevamente. Sin embargo, el otro 10 por ciento ve una oportunidad de desarrollo y crecimiento. Y no es que no nos hemos deprimido, llorado y lamentado: lo hemos hecho y en buena forma. Sin embargo, hubo un momento de un clic interno que indicó "ya basta" y pasamos al siguiente paso, que es la capitalización o "resignificación" en lenguaje psicológico de esa experiencia de fracaso.

2. Conciencia de finitud: quienes andan por la vida a toda velocidad, con el ego como bandera principal, pueden darse contra paredes en forma proporcional como si chocásemos con un automóvil a 200 kilómetros por hora sobre un muro de concreto. Por lo cual necesariamente salimos lastimados. La conciencia de finitud aparece ante el hecho del fracaso, de lo inevitable, por más que hayamos actuado con todo lo que estuvo a nuestro alcance en aquel momento. Y muchas veces esa sobre adaptación a las situaciones es la que termina desencadenando el fracaso. Allí se adquiere una destreza muy útil, la conciencia de finitud, que es ni más ni menos que devolver la conciencia humana a las situaciones de la vida.

3. Maestría en los procesos: gran parte del fracaso puede atribuirse a que no hemos sabido manejar determinadas situaciones; por ejemplo, cuando te rodeas de asesores o consultores ineptos y poco comprometidos; o cuando contratas algunos colaboradores excepcionales, en contrapeso con otros que reclutas dejándote llevar por la lástima que te han conmovido con sus vidas. Entonces, adquieres unas llaves de éxito muy poderosas que en muchos casos están basadas en la percepción y la intuición anticipada sobre los hechos, las personas y los contextos. Se desarrolla una gran habilidad para leer más rápido qué pasa, y actuar en consecuencia.

4. La soledad del sufrimiento: otra gran maestra del fracaso es la soledad de la toma de decisiones y afrontarlas con los recursos con que cuentas en aquel momento. Por más que estemos acompañados por un grupo chico de excelentes colaboradores, la familia y los amigos incondicionales -que, por lo general, en momentos de fracaso empiezan a ralear-, nos enseña a convivir con lo mejor y lo peor de nosotros mismos. En el silencio aparecen las respuestas. En el dolor, el significado.

5. Reinventarnos: es acaso uno de los rasgos más llamativos de los que hemos fracasado y siempre salimos adelante. "Resiliencia" es la palabra específica desde la psicología para definir a los que podemos pasar por situaciones realmente graves, y aun así salir fortalecidos por los recursos internos que sacamos a relucir. Por eso la creatividad y su hermana mayor y más destacada, a la que llamamos "innovación" aparecen con mayor asiduidad y ayudan a resolver los momentos, para recomenzar una y otra vez. Y cada vez más fuertes.

6. Fortaleza de espíritu: como un guerrero que templa el arma que utiliza en sus batallas, el emprendedor que ha fracasado alguna vez se convierte en un guerrero más diestro. Tiene mayor sabiduría, calcula mejor, obtiene un plus de energía que lo ayudará en los momentos difíciles y adquiere tal fortaleza interna que mide mejor las consecuencias de sus acciones. Y todo esto, sin perder osadía y velocidad.

7. Toma de decisiones: como en un juego, donde se gana o se pierde, el fracaso nos enseña a tomar mejores decisiones. O mejores elecciones en cualquier escenario. Como hemos pasado por momentos muy complejos, esa alquimia de sabiduría se convierte en una pócima inspiradora y de gran trascendencia para el presente y el futuro de lo nuevo que emprende. Sin embargo, otra cosa que aprendió del fracaso es que todo es temporal; y es este rasgo de volatilidad de las cosas lo que le permite enfocarse más en el presente. Por ejemplo, escucha mucho más que antes; lidera y no solamente es el jefe que da órdenes; convierte increíbles situaciones que su equipo daba por perdidas en valiosos cimientos para el proyecto, y reconvierte con mayor fluidez y sin tanto desgaste casi cualquier problema, para enfocarse en el resultado deseado.

8. Respira y sigue: como el fracaso enseña una enorme caja de herramientas, sabe seleccionar cuáles son las indispensables en cada momento. Es como un cirujano operando un caso de alto riesgo. No quiere que su paciente muera, trabaja minuciosamente para mantener sus signos vitales, y visualiza cómo se recuperará y tendrá un mejor futuro. Por eso aprende a domar sus impulsos. Respira, se sosiega ante la adversidad. La furia la transforma en energía reconstructiva. La ira se convierte en oro en polvo cargada de impulso para concretar los procesos. Y así, se reinventa.

9. Se convierte en selectivo: en el pasado, aquel "fracasador serial" como hemos sido muchos de nosotros (porque las personas acostumbran a hablar de sus éxitos, pero no de cuando les ha ido realmente mal; y mucho menos, revelar estas estrategias de éxito) supo ser muy indiscriminado con las relaciones, el dinero, los amigos, los que acercan negocios fabulosos, los que quieren tomar una porción de la torta del emprendedor y los especuladores. En su refundación, el exitoso cuenta con esta carta interna tan estratégica como útil: la selectividad. No deja entrar a todo el mundo a su mundo. Es astuto y elige cuidadosamente cuando abre la puerta. Por eso muchas personas se alejan, o piensan que pueden aproximarse de la misma manera que antes. Aunque ahora, en esta nueva realidad, no hay chances de que funcione igual.

10. Equilibra lo importante y lo urgente: quienes hemos fracasado tenemos un rasgo común que es haber dedicado más del 70% de aquella etapa a lo urgente. Esta vez la ecuación se da vuelta, y estaremos enfocados con mayor asertividad a lo importante. Así, rasgos impensables en el pasado como la habilidad de delegar tareas son dejadas sin problemas en manos de colaboradores -también mucho mejor seleccionados-, para que podamos enfocarnos en lo principal.

El capital que se adquiere al fracasar en nuestro negocio es inconmensurable: aprendemos sobre nosotros mismos; nuestro temperamento y personalidad; sobre los socios y asociados: no nos deja bien cualquier bus; sobre el manejo de la empresa; sobre los consultores externos; cómo ser más efectivos; y, sobre todo, cómo fluir más naturalmente con los problemas, equilibrando el esfuerzo y la carga para que sea un proceso más grato -en contraposición con lo ingrato que fue aquella experiencia del pasado que, si bien nunca se olvida, la reconvertimos en una mejor versión de nosotros mismos de aquí en adelante.

5 maneras de afrontar los fracasos y convertirlos en éxito

Una pregunta, como para romper el hielo: ¿a quién le gusta fracasar? Dicho así, posiblemente la respuesta aparece antes de terminar de leer la primera frase: a nadie. Sin embargo, la experiencia humana a través de los siglos ha demostrado que los hombres y mujeres más exitosos, aquellos que han alcanzado y conquistado sus metas y sueños, parecen ser "fracasadores seriales". ¿Por qué? Este apartado nos invita a reflexionar sobre cinco sub modalidades muy frecuentes en la condición humana, para poder construir el camino del éxito cimentado en una de las estructuras más fuertes con la que contamos.

Primero: Preparados para ganar. El mundo, especialmente en Occidente, no admite el fracaso dentro de la existencia; lo que desde la formulación misma de este postulado parece ser un grave escollo a sortear, ya que vivimos en una condición física, emocional y mental en permanente cambio, por lo que la alteración en negativo del resultado de las cosas es frecuente. Y más aún: es cotidiana. Por lo que, si bien la preparación para el éxito es apropiada, quizás lo más indicado sería pensarlo como la preparación para disfrutar de la experiencia añadida por los logros y las conquistas. Así, por ejemplo, cuando un deportista o una bailarina se entrenan décadas para lograr su mejor performance, el mismo camino es el que añade las dosis de desafío necesarias para consolidar algo superior que, en determinado momento, podríamos llamar éxito. Entonces, sintetizando el primer concepto, necesitamos asumir de una vez que el camino hacia los logros y realizaciones está plagado de situaciones de fracasos.

Segundo: El escalón necesario. Si haces un breve repaso sobre tus últimos diez años. ¿Tuviste alguna experiencia que no resultó tal como la soñabas? ¿Fue enriquecedora, más allá de la turbulencia, desánimo y nivel de desafío que se presentó en aquel momento? Seguramente sí. Esto no invalida la cuota de padecimiento que hemos atravesado. Sin embargo, cuando miramos aquella situación en perspectiva, somos capaces de descubrir el sentido. El sentido es, ni más ni menos, que el propósito de esa experiencia. ¿Por qué llegó a mi vida? ¿Qué vino a mostrarme? ¿De qué forma puedo hacerlo distinto la próxima vez? Desde esta óptica, el fracaso es todo un éxito, por más que en el instante del pasado no tenga la capacidad de verlo en forma inmediata.

Tercero: Expandiendo las oportunidades. Otro beneficio añadido del fracaso, una vez que hemos pasado el primer umbral de pesadumbre, es la alternativa de mirar las opciones que tenemos a mano. Desde allí sucede algo maravilloso en nuestro interior: se llama madurar, se llama crecer. Es entonces cuando muchas de las experiencias cobran sentido, ya que, como en un rompecabezas que empieza a armarse nuevamente, las piezas van encajando. Esto no sucede por mera fuerza de voluntad, aunque por supuesto que esta actitud ayuda mucho. Ocurre porque expandimos nuestro ojo interno, aquel con el que observamos las cosas y las situaciones. "Observamos" es la palabra clave en esta idea, ya que, como veremos algunos capítulos más adelante, es muy distinto a "mirar" y "ver". El proceso de observar es activo, y a la vez, expansivo. Por eso se abren grandes puentes de oportunidades para crear puntos de referencia distintos, que pueden producir un cambio sustancial en el próximo resultado de vida.

Cuarto: El dolor de la pérdida. En cualquier circunstancia, un fracaso viene a contrastar dentro de nosotros algo que ya no está: una persona, situación, negocio, trabajo, relación, vínculo, proyecto, sueño o meta. Con cargas emocionales de distinta intensidad según cada persona -podríamos llamarlo 'termostato interno'-, si somos capaces de atravesarlas con entereza y voluntad férrea, muy pronto estaremos un paso delante de ese momento de dolor y desesperación, de tristeza y desánimo. ¿Cómo puedo accionar frente a lo irreversible? Primero, dándome el espacio para sentir. De este lado del mundo se nos entrenó para no sentir, por lo que las emociones dolorosas tienen mala prensa. Sin embargo, son parte irreversible del crecimiento y la evolución humana. Nos hacen más fuertes y decididos. Segundo, permitiéndome dar pequeños pasos para recobrar el movimiento, tal como cuando hacemos rehabilitación física luego de algún episodio que nos ha paralizado o postrado. Allí decidimos entrenar nuevamente nuestras capacidades (en este caso las emociones), para -más allá del dolor y la tristeza- recobrar la marcha. Y esto no es inmediato ni mágico. Requiere una enorme fuerza interior y un entorno que acompañe saludablemente. Y tercero: recordando que esto también pasará. No importa el nivel de dolor que sientas hoy, dentro de un tiempo somos capaces de reformularlo y convertirlo en algo valioso. Pero ojo: sólo si sabemos verlo de esta forma. Para verlo, es imperioso elegir la mejor actitud. Y de eso habla nuestro quinto punto.

Quinto: Tu actitud es lo que vale. Frente al desafío del fracaso de cualquier tipo, tienes una opción maravillosa para volver a probarte: elegir tu actitud. Usualmente nos enseñan que hay una forma positiva de ver las cosas; y otra negativa: ésta es la que más asusta. Sin embargo, en el primer paso para salir de la situación que te conmueve, es aceptar la posibilidad de un término medio: la neutralidad. Contrariamente a la idea que en este espacio neutral no pasa nada, ocurre todo lo opuesto: se movilizan invisibles fuerzas internas, que te permitirán de a poco recobrar el sentido y propósito de la vida. Y desde allí, si te mantienes en permanente movimiento, podrás encontrar el aprendizaje que encierra esta experiencia. Aprendizaje que a veces nos llega a la fuerza, incluso desarmándonos por completo.

Entonces, llega el punto donde maduramos desde el dolor y nos permitimos reconocer esa experiencia como algo valioso -cosa que hasta hace poco tiempo seguramente nos negábamos a ver de esta forma-. Allí se produce un profundo "insight", una mirada hacia dentro y, desde allí, recién, proyectar el nuevo Ser: un poco machucado por los golpes, seguramente. Aunque fuerte, día a día más entusiasta y definitivamente más flexible.

Las características comunes a todas las personas resilientes

Retomando y ampliando el tema de la resiliencia, ya que resulta por demás interesante dentro de este capítulo (y más adelante aparecerá nuevamente el concepto), podemos definirla como el potencial que tenemos los seres humanos de sobreponernos efectivamente a los grandes desafíos de la vida. Quienes hemos convivido y atravesado enormes dificultades en diferentes aspectos, sabemos por experiencia propia que salimos fortalecidos de las experiencias duras. Ya no somos los mismos. No miramos las cosas desde la misma perspectiva. Puede decirse, sin temor a equivocarnos, que hemos madurado y evolucionado.

Estas características son comunes a todos los que somos resilientes, que es la capacidad para, más allá de lo imposibles que parezcan las cosas, lo desahuciados que estemos, lo "terminal" que nos declare la ciencia médica, lo tremendamente doloroso de los hechos de la vida que irrumpen sin pedir permiso, levantarnos, atravesar paso a paso -a la velocidad de hormigas laboriosas- y seguir adelante.

El lenguaje con el que nos comunicamos y expresamos, crea realidades. Primero fue un pensamiento, luego un estado de consciencia y de allí surge la manifestación física de las cosas. Por eso las palabras tienen mucho poder.

Frases que escuchamos cotidianamente, como "me quiero morir", "si me pasa algo así prefiero no seguir en este mundo", "no podría soportarlo", "es más de lo que estoy dispuesto a sufrir", "de esta situación no salgo", reflejan el limitado nivel de entendimiento de la compleja -y maravillosa- naturaleza humana. Porque, puestos en esa situación límite, si así lo elegimos, haremos todo lo que esté a nuestro alcance para sobreponernos y salir adelante. Es así.

Claro que nada garantiza un resultado positivo más allá del esfuerzo personal. Aunque la resiliencia se basa en la idea de la enorme cantidad de recursos internos que tenemos como seres humanos para utilizarlos cuando se presenta el momento apropiado. Podemos discernir, elegir, escoger, seleccionar, dimensionar, poner en perspectiva, mirarnos de múltiples maneras, asimilar, procesar, y recién allí, plantearnos la posibilidad de superar este gran desafío que pone la vida.

Las personas resilientes no se rinden. Un tremendo accidente, un diagnóstico con muy mal pronóstico para la ciencia, la pérdida de un ser querido o varios, la pérdida de salud, quedar desempleados de un momento para otro, una estafa, un fracaso que nos deja literalmente desnudos y sin nada, son sólo algunos ejemplos.

Sin embargo, basándonos en el poder de nuestra asertividad y fortaleza, podemos descubrir algo que va más allá de la simple comprensión humana. Se podría afirmar que la fuerza "viene de otro plano" del Ser. Y solemos decirnos "no sé cómo lo hice, pero aquí estoy: de pie nuevamente".

El ser resiliente agota las instancias, y se apoya en su propia fortaleza, por pequeña que sea o devastada que esté en ese momento. Busca alternativas; explora; se mira como si fuese un científico en plena tarea de dar con la nueva fórmula que traiga un beneficio para él y para otros.

También se silencia: es una característica común el meterse para adentro. Es tiempo de pocas palabras, mucha acción íntima y desde allí, crear internamente ese enorme potencial reparador que es el que sostiene el hasta entonces endeble andamiaje emocional, físico y espiritual.

La esperanza y la fe adquieren dimensiones distintas. Si bien suele abrirse al apoyo de un puñado de personas que hablan en términos de fe, entendida como que hay algo o alguien superior que puede ayudarnos, sienta pilares muy sólidos de esperanza. No se trata sólo de ver el vaso medio lleno, sino, sobre todo, ver la parte vacía, lo que ya no está. Asumirlo tal cual es, sin eufemismos, y desde allí, comenzar a llenarlo gota a gota.

Los humanos resilientes tienen una extraordinaria capacidad de regeneración en múltiples niveles al mismo tiempo. Una persona declarada terminal por un médico sabelotodo, puede ir explorando minuciosamente su cuerpo, y ayudando a "repararlo" con la paciencia de un escultor preparando su nueva obra maestra.

Por último, sabe que nada será como antes, principalmente porque el cambio ha sido tan rotundo y profundo que no hay ninguna otra cosa más importante que superar este momento. El superar no significa para el resiliente hacerlo rápido "y ya". Sabe que es una construcción que llevará muchísimo tiempo, esfuerzo y vigilancia eterna interna para no desviarse del objetivo. Se cae y se vuelve a levantar tantas veces como sea necesario.

Y un día se produce un clic. Es íntimo, profundo, conmovedor y profundamente asertivo. Permite trasmutar la duda, el pesimismo, el dolor, la enfermedad, los padecimientos, el sufrimiento, el silencio, la desesperanza, en algo más potente que es más sencillo de definir: estoy vivo.

¿Todos somos resilientes? En esencia, sí. Aunque requiere de una gran dosis de auto determinación para encarar el proceso y persistir "aunque duela". Es necesario para reconstruirnos de las cenizas. Los que hemos pasado por situaciones así lo sabemos muy bien. Luego viene una gran recompensa: la posibilidad de vivir desde otra perspectiva, más acorde con este nuevo ser que acaba de parirse. Esto en muchos casos viene acompañado por un potente sentido de resignificación de la vida y de dedicarse a algo trascendente. Y ahí comienza, nuevamente, la aventura de la misión de vida manifestada durante el tiempo que estemos en este plano físico.

Algunas ideas para entender los horrores del mundo

Estamos viviendo esta experiencia física en un mundo espiritual. Partiendo de esta base, si logramos elevarnos cada vez que se presenta algo muy desafiante en nuestra vida y en el mundo en general, quizás podamos empezar a observarnos de una manera más sabia.

Los horrores a los que asistimos a diario, muchas veces un poco magnificados por cierta tendencia de algunos medios de comunicación, la inmediatez de las redes sociales, el famoso "morbo" de millones de personas y tantas otras formas de expresión humana, son una muestra del renacer al que estamos asistiendo.

Muchos pensadores de distintos lugares del mundo vienen sosteniendo que este es un momento sumamente importante en la historia de la humanidad. Si en nuestra propia vida los cambios se observan lentamente, imagina por un momento lo que puede tomar en términos de tiempo real del planeta tierra que se produzca un gran cambio de consciencia.

Dentro de los desafíos que atraviesan prácticamente todos los rincones del planeta vemos con sorprendente velocidad cómo las máscaras se van cayendo; los paradigmas que se van rompiendo en pedazos y muy rápidamente; los drásticos cambios climáticos producto de nuestro maltrato hacia la naturaleza y la poca consciencia ambiental de todos; las atrocidades de hombres sobre semejantes humanos, sobre animales y sobre cualquier otra especie; las formas abominables que resaltan esas noticias que nos producen profunda tristeza; la corrupción en todos los niveles; la despersonalización en el trato entre personas; los refugiados... y podría seguir con una interminable letanía. No es el fin de este apartado.

Aquí intentamos transmitirte qué hacemos con esto que vivimos; cómo lograr entender los horrores del mundo y desde allí, cómo podemos extraer, aunque sea doloroso, lo que haya de "mejor" en nuestro camino de evolución personal; y desde ese avance individual, hacia el conjunto social.

Una mirada alentadora

Los seres humanos aprendemos de lo duro que nos va pasando y desde allí, hacemos los cambios. La ciencia ha probado que más de un 65% de las personas sólo recuerda los momentos infelices y tristes; y sólo un 35% puede añadirle dos o tres recuerdos positivos.

De modo que es un gran entrenamiento el que debemos hacer si así lo elegimos, para reenfocar la mirada no desde una postura egocéntrica, pero sí muy presentes en que cuando cambio y evoluciono, todo alrededor también muta y trasciende hacia algo mejor. Esto también está probado en la evolución de las especies.

Ahora bien, ¿por qué elegimos quedarnos pegados tanto tiempo en lo negativo de los horrores del mundo? ¿Qué es lo que nos impide avanzar aún en medio de los escombros y el dolor, y nos paraliza?: nuestras creencias limitantes.

Posiblemente tú también has tenido momentos verdaderamente desafiantes en la vida; pérdidas irreparables; estafas de dinero o emocionales; separaciones dolorosas y cruentas; afecciones de salud que pusieron a prueba tu fortaleza. Viendo lo bueno de eso, seguramente coincidirás que allí aprendimos a hacernos más flexibles; subimos un pequeño escalón hacia una mayor sabiduría interna -que luego se refleja en nuestro círculo directo de influencia-; y así seguimos conquistando un mayor autoconocimiento sobre el gran potencial humano.

En este punto es útil la imagen de un escultor haciendo su obra: tenemos tanto para tallar sobre nosotros mismos que la obra nunca concluye, hasta ese instante en que nos despidamos de esta forma física.

Entender no es lo mismo que justificar

Una diferencia importante es que entender las situaciones observándolas desde todos los costados posibles no implica adherir ni justificar. Esta sutileza de la mirada del observador -que podríamos llamar "neutral"- es sumamente valiosa cuando estamos frente a diferencias de opinión o ante hechos que nos horrorizan y que escapan a toda comprensión humana. La psicología, la psiquiatría, la medicina y la ciencia en general, tienen muchísimos términos para explicar millones de patologías. Aunque esa racionalización a veces se queda corta para sintetizar lo que sentimos ante las atrocidades que nos tocan más cerca o más lejos.

Por si es de utilidad para ti, te invitamos a adherir a aquellas causas que consideres justas de acuerdo a tu ética y valores, y que acompañen tu Misión de vida. No significa que debas ser un activista del gran cambio mundial, porque son unos pocos elegidos en este plano los que han logrado encabezar gigantescas transformaciones: Ghandi, Madre Teresa, Martin Luther King y tantos otros ejemplos que tú mismo tendrás en tu lista de referentes a los que, aunque sea en una pequeñísima parte, te gustaría emular en algún aspecto.

Lo relevante es qué hacemos desde el lugar en que estamos. Cómo podemos frenar la desazón, el desánimo, la tristeza, la depresión y la decepción cuando todo alrededor parece derrumbarse y no encontrar un rumbo positivo.

En estos casos, en lo que nos tenemos que enfocar una y otra vez, y por lo que debemos pedir cada noche al dormirnos y al despertar, es que se nos indique el camino para servir y trabajar en un sentido positivo; y luego, soltamos y dejamos que una energía más potente que la nuestra, haga su parte. Solamente nos disponemos a dar el próximo paso que se presenta, con mucho de intuición y una dosis gigantesca de desapego por el resultado.

Las opiniones arraigadas muy profundamente son parte del apego acerca de cómo deberían ser las cosas; y allí empieza una vez más el ciclo del gran limitante que nos invita a trascender esa frontera para dirigirnos a lo nuevo.

Todo esto que puede sonar utópico, lo practicamos día a día millones de personas. En silencio: no hace falta comentarlo ni salir a gritarlo a los cuatro vientos. Se vive, se siente, se experimenta -que es, en definitiva, la única forma valiosa en este paso por el mundo-. Las ideas son buenísimas; tu innovación sobre cómo debería ser tal cosa es genial… sólo que no está en acción, por lo que por el momento no está en marcha.

El cambio es individual: proyecta una mirada compasiva; ora, reza o simplemente, envía un pensamiento de apoyo ante cada situación que luzca muy oscura en el mundo. Eso ayuda. Imagínate que somos gigantescas linternas proyectando luz blanca y pura sobre situaciones que, desde nuestra perspectiva, necesitan dar un giro completo. Esa fuerza es la misma que se opone a "las noches oscuras del alma" (parafraseando el título de un excelente libro de Thomas Moore, *Las noches oscuras del alma*).

Esa potente luz o como quieras llamarla, traerá aunque sea un destello en la oscuridad. Al menos en ti; y desde allí, se proyecta aunque te cueste reconocerlo. Hay cosas buenas que son contagiosas: la sonrisa, el abrazo, tratarnos bien, saludarnos cortésmente, ayudar a otros. Todos estos pequeños gestos suman en el gran balance universal, y te permitirá cambiar la mirada del caos por otra, positiva, si te entrenas en hacerlo paso a paso todos los días de tu vida.

Somos millones dentro de los seis mil billones de personas que estamos haciendo este camino, tal cual hacen las hormigas.

El renacer está pronto. La "Era Dorada" como muchos le llaman, es un gran renacer. Quizás no lo vivamos físicamente; aunque podremos dar el último adiós del mundo sabiendo que hemos puesto nuestra parte en este proceso.

Cuida tus pensamientos: crean estados de conciencia.
Cuida tus palabras: crean impactos en ti y en los demás.
Cuida tus gestos: crean poderosas anclas en el mundo.
Cuida tu actitud: crea una nueva forma de vivir tu vida.

"Cuídate, ante todo, para después poder cuidar de los demás" dijo el educador John Roger. No te postergues si deseas asistir a otros. Es como en el avión: primero ponte tú la máscara de oxígeno ante una emergencia y luego asiste a quien está al lado. Esto no es egoísmo: es servir a la transformación del mundo de una manera potente, tangible, sensible y en consonancia con lo que el universo reclama hoy y siempre, para este Planeta Tierra en el que estamos atravesando esta experiencia humana.

6 beneficios aparentes de la gente que se victimiza

La victimización es una conducta sumamente repetida a lo largo de la humanidad. Gobernantes, estrategas de alto rango, personas de todas las edades, y aquellos a los que les gusta llamar la atención de los demás, juegan el juego de la víctima para generar algunos beneficios aparentes, que, aunque de corta duración, parecería que los "ayudan" a fortalecerse.

La conducta de la persona que juega a la víctima parte de la premisa de una autoestima demasiado baja como para argumentar y sostener una posición coherente frente a cada situación que se le presente.

Por otra parte, quien se victimiza suele caer en todo tipo de argucias y estratagemas para intentar desnivelar al "adversario" (así lo llaman por lo general) por cualquier medio, con la intención ficticia y fantasiosa de cobrar relevancia y "tener la razón".

Las frases preferidas por la gente que se victimiza son "Con todo lo que yo hago por…", "Tú no sabes lo que yo estoy sufriendo…", "Hay que vivir en carne propia una situación así para…", "Para ti es muy fácil hablar así…", y sigue la lista.

Aquí van 6 beneficios *aparentes* de las personas que se victimizan, y la forma más apropiada de contrarrestarlos si deseamos obtener mayor efectividad en nuestra vida, dejando de jugar el juego de la víctima todo el tiempo:

1. La víctima cree que es la que más sufre en el mundo. En efecto, su caso es tan singular que no hay ningún antecedente que pueda parecerse. El beneficio aparente es mostrar fortaleza desde la debilidad, y así, supuestamente despertar cierto halo de admiración en personas que, por lo general, no tienen tanta capacidad de análisis de las situaciones y son un poco lábiles en su estructura psíquica. Cómo podemos mejorar: aceptar las situaciones tal como se presentan. Hacer un análisis objetivo de los hechos. Sumar preguntas y respuestas. Buscar segundas y terceras opiniones. Y a partir de allí, elaborar mi enunciado de la situación, sin necesidad de victimizarme.

2. Quiere dar lástima. Desde muy pequeños, el juego de la víctima es uno de los más recurrentes en la formación de la estructura psicológica humana. Un niño que permanentemente busca ser apañado por los mayores ante cualquier tipo de circunstancia, está minando de a poco su propia capacidad de reacción y activación de los recursos internos. Al querer dar lástima, se coloca en un lugar donde lo único que importa es buscar la conmiseración de los demás, en lugar de generar legítima empatía, e incluso, pedir asistencia o cooperación de una forma más constructiva. Cómo podemos mejorar: observando muy atentamente nuestro comportamiento de víctima. Por lo general quienes quieren dar lástima, mienten o exageran sobre cada situación de su vida, para crear un marco dramático mayor al que la realidad impone. Claro que hay situaciones límites que sólo a un alma muy dura podrían no generar ningún tipo de empatía; aunque es muy distinto estar todo el tiempo disfrazando las situaciones para generar falsos sentidos de empatía, y lograr una aparente adhesión de masas (público, familia, pareja, compañeros de trabajo), sin contar todos los detalles de las cosas.

3. La víctima elude la responsabilidad personal. Las personas que juegan el rol de víctima eluden por completo (y premeditadamente) su rol de responsables de las situaciones de la vida. Omiten detalles, cuentan sólo la parte de la información que los favorece en su puesta en escena; crean situaciones de fantasía muy alejadas de la realidad objetiva, y se conectan todo el tiempo desde lo emocional. Esto, en sí mismo, no está nada mal: es más, si hacemos un apropiado desarrollo de las emociones, podemos ser mejores operadores de nuestra vida, y así, más efectivos. Lo llamativo es que las personas que usan la victimización como herramienta cotidiana, crean tal destreza en ese campo, que les impide hacerse responsables de lo que les toca. Que, por lo general, es más de un 80% de lo que se quejan y que forma parte de su relato de víctima. Oportunidad para mejorar: hacerme responsable al 100% de todas las situaciones de mi vida, incluso – y mejor aún – de aquellas que no me gustan ni satisfacen. Sólo así aprenderé e iré desarrollando un potencial emocional apropiado, para conectar de verdad con lo que deba hacerse presente en cada momento. Esto determinará un mejor accionar para expresar lo que me pasa, sin necesidad de eludir la responsabilidad personal que me toca.

4. La víctima acusa. Crea conspiraciones permanentemente. Ve fantasmas donde no los hay. Inventa historias. Crea situaciones. Utiliza analogías que leyó en algún libro de fábulas. Busca validar su discurso de queja y victimización permanente mezclando frases célebres, por lo general, fuera de contexto. Toma prestadas frases extraídas de noticias de actualidad y hace un "copy / paste" engorroso, caótico y demagógico, todo para generar marcos de virtual acusación hacia otro y otros. Los demás son los enemigos. Todo el que no piensa como yo, no sirve. Aquel que está con una posición diferente, o que "no puede ponerse en mis zapatos" (frase típica de la víctima) está equivocado y lo mando a la lista negra de mi vida. Oportunidad para mejorar: observar el dedo acusador que la víctima dispara con tanta ligereza: hay un dedo hacia el otro u otros; y hay tres dedos apuntándonos. Quiere decir que el boomerang que se producirá es tres veces más contraproducente que el disparo que estoy haciendo.

5. La víctima se queja. Tiene como deporte preferido el quejarse. Pero atención: ¡jamás se refiere directamente a la queja! Como tiene habilidad semántica, crea frases rimbombantes y complejas, para mostrar el peor costado de víctima disfrazado de espíritu de superación. Se cree "resiliente" (palabra que le encanta utilizar, aunque no sabe muy bien el significado apropiado según los contextos). Prueba el impacto de sus dardos verbales y emocionales en su público objetivo, y allí donde siente que da en la tecla, lo exagera y amplifica. De esta forma, genera un perfil de sometimiento del otro porque, claro está: a nadie con su psiquis normal, le gusta provocar dolor a una persona que -parece- está sufriendo tanto. Oportunidad para mejorar: eliminar la queja de la vida. Dejar que las cosas vayan ocurriendo. Silenciar las opiniones sobre los demás. Aceptar las diferencias. Entender al otro como otro, y participar en cocrear la mejor dinámica asertiva que podamos construir en la relación que tenemos.

6. La víctima padece de todos los dolores del mundo... y más. Es el ser humano más desgraciado de la tierra. No duda en dilapidar insultos, palabras hirientes, socarronas y soberbias, con tal de mostrar una falsa superioridad. La víctima busca por todos los medios generar empatía. Si es necesario, estará disfrazándose de enferma físicamente todo el tiempo para llamar la atención. Inventará enfermedades. Distorsionará las situaciones a tal punto que se dudará de su salud mental: pero esto no le hace mella; no le importa demasiado. Porque lo único que quiere es que le presten atención, cueste lo que cueste. Oportunidad para mejorar: hacer en el mundo de tal forma de asemejarme a las personas a las que desee parecerme. No está mal tomar el ejemplo de los notables, aquellos que marcan la diferencia. Aceptar las situaciones desafiantes como vienen; buscar espacio de contención terapéutico si es necesario, pero no hay por qué andar escupiendo mi victimización en el mundo, todo el día. De esta forma, con el tiempo, me entrenaré en ser más asertivo, ubicado, ecuánime y equilibrado ante cada desafío que se presente. Y podré sacar más rápidamente el resultado concreto de esa experiencia, sin necesidad de intentar "domesticar" a una pléyade de seguidores que – con tal de no contradecirme, lo que es lo mismo, no infligirme más dolor – harán lo que yo quiera. Y allí habré logrado el cometido del juego de la víctima: dominar al otro, manipulándolo psicológicamente.

Es un poco perverso lo aquí descripto; aunque totalmente real. Es la dinámica de la víctima. Totalmente opuesta a la responsabilidad ("habilidad para responder" ante cada situación que se presenta).

5 formas de aprender del dolor cuando muere un ser querido

A lo largo de nuestras vidas quizá hemos tenido la oportunidad de conocer y acompañar a algunas personas en procesos de despedir físicamente de este mundo a algunos de sus seres más queridos. El dolor se presenta a veces como una irrupción feroz, que puede desarmar hasta al más equilibrado. Están trasmutando de este mundo tantas personas jóvenes y mayores con afecciones severas de salud; accidentes con consecuencias irremediables; pérdidas por pequeños acontecimientos cotidianos, que la presencia de la muerte se hace visible y contundente.

No hay un manual para aprender a morir; sin embargo, desde el coaching se puede acompañar con herramientas de autoconocimiento, lo que puede definirse como el "buen morir": una despedida tranquila, pausada y en paz, con tranquilidad de conciencia y Alma, para que el paso a otro plano -para los que creen en ello- sea sereno y armonioso.

Aquí compartimos algunos testimonios para que, a través de ellos, podemos incorporar aprendizajes que quizás sean de valor para asumir, aceptar, procesar y despedir en paz a las personas que amamos:

1. Liliana: energética y vital. Diagnosticada con un cáncer, su salud se fue deteriorando y, ante eso, además de los caminos de la medicina convencional se permitió abrirse al conocimiento de medicinas alternativas avisándole a su médico tratante. Durante más de cuatro años estuvo dedicándose a hacer las cosas que jamás había hecho. Viajó, se divirtió, ante la evidente caída del pelo por los tratamientos médicos, primero se consiguió una peluca con el corte de pelo de sus figuras favoritas de Hollywood y luego las revoleó por los aires y se dedicó a coleccionar hermosos pañuelos que ella misma intervenía con su arte. La clave de Liliana es: completar lo inconcluso y darse permiso para disfrutar de todo lo que tengamos ganas, aunque sea apremiados por un tiempo o un diagnóstico.

2. Javier: cuarentón, muy buen papá, amigo de sus amigos y excelente asador, su leucemia se presentó en forma de un agotamiento que no le daba tregua. Debió pedir licencia en la empresa donde trabajaba, hasta que en un largo peregrinar fue diagnosticado. Allí empezó lo mejor: dejó de ser el financiero que siempre había querido y que los mandatos familiares impusieron y se dedicó a la jardinería. Puso un pequeño negocio que llevó adelante con uno de los hijos. Desarrollaba las tareas a su alcance y se dedicaba los sábados a estar en el local. Hizo todo lo que estuvo a su medida, mientras hacía su tratamiento. Motivado por la energía de las plantas, indagó y dio con corrientes de pensamiento que hasta ahora jamás había considerado: nuevos puntos de vista sobre temas cotidianos; alimentación natural y en algunos casos, cruda; algunos viajes cortos como nuevas lunas de miel junto a su esposa; y hasta logró acordar con su empleador trabajar a distancia medio día para seguir conectado con su actividad de tantos años. La clave de Javier es: reinventarse con lo que va quedando de energía, mientras se nutre de nueva energía dejando de lado los paradigmas del pasado.

3. Susana: la amputación de una de sus mamas la llevó a encabezar una organización sin fines de lucro para impulsar el apoyo emocional y cosas más concretas como el diseño de ropa, estilo y lucir bien para mujeres que pasan por el cáncer. Su entusiasmo la llevó a retratar su proceso paso a paso en fotografías y un video personal. La clave de Susana: dejar un legado basado en los aprendizajes de esa etapa de su vida.

4. Martín: cuando en 1990 le diagnosticaron VIH/Sida ya se habían hecho evidentes los primeros signos de las enfermedades marcadoras, como le llaman en la jerga médica. Con un pronóstico por aquel entonces muy difícil de prolongar más allá de los tres a seis meses y casi sin tratamientos, o con remedios peores que la enfermedad, descubrió su vocación al explorar sus habilidades: tenía un buen poder de convocatoria desde siempre. Así que comenzó unos grupos de autoayuda para personas diagnosticadas con HIV y para sus familiares, amigos y parejas, incluyendo personas del mismo y distinto sexo en una experiencia que, por entonces, fue revolucionaria. También llevó esta experiencia hacia las cárceles y logró ubicarse por décadas como uno de los mayores aportes para el equilibrio y apoyo emocional de personas con una enfermedad que entonces desafiaba la vida. La lección de Martín: descubrir su fortaleza, expandirla al máximo y ponerla al servicio de los demás.

5. Carlos: perdió a su esposa y dos hijos en un accidente automovilístico. Como es de esperar, su vida se derrumbó muy rápidamente. Sin embargo, basado en su poder interno y la fuerza de la hija con la que tuvo que reformular por completo su vida, encabezó acaso su empresa más ambiciosa: darle sentido a tanto dolor. Desde la Pyme que tenía convocó a personas con familiares fallecidos en accidentes y empezó a promover en su país las normativas y legislaciones oficiales que permitan no sólo sancionar a los infractores de tránsito, sino impulsar las mejoras de infraestructura necesarias. Logró la sanción de muchas medidas en su región que, luego, escalaron a su país; y desde allí, a más de veinte años de aquel accidente, siente que está haciendo lo que debía hacer: seguir adelante ayudando a que otros no pasen por algo tan cruento como por lo que debió vivir él. Carlos sigue viviendo, aunque por mucho tiempo pensó que era un muerto en vida. La clave de Carlos: moverse y reinventarse; hacer más sólida su pequeña familia y expandir lo que aprendió a partir del dolor, en ayudas concretas en su provincia y su país, sensibilizando con el poder del corazón a los que tienen el poder.

Como vemos, hay múltiples formas de darle sentido a nuestra propia vida y aún más dejando un legado y un sembrado para los que nos siguen. No hay un solo camino: la acción y el movimiento son el camino para ir creando el mundo mejor que anhelamos.

A veces, hacen falta los fuertes cimbronazos de la muerte, la enfermedad o un accidente, para cambiar o para descubrir el camino de acción que puede transformarnos en seres más sensibles, conectados y fuertes. Y allí es que vamos dándole sentido a la pérdida que tanto sufrimos en algún momento.

7 pasos para atravesar emociones dolorosas

Muchos de nosotros hemos profundizado nuestros caminos de búsqueda de autoconocimiento y desarrollo espiritual a partir de experiencias desafiantes. Estas situaciones están basadas en las emociones que a veces llamamos negativas, aunque lo más apropiado sería llamarlas dolorosas por lo que despiertan.

Y como despiertan, provocan y se mueven, recuerdan a "e-motion" (en movimiento). El movimiento, al final, siempre es de aprendizaje y crecimiento, por lo tanto, positivo, aunque no pueda verlo o vivenciarlo tan rápidamente como mi impulso quisiera.

Aquí van siete pasos para atravesar emociones dolorosas. El proceso es siempre el mismo. Y como se trata de una técnica, el aprendizaje y resultado se produce en base a la práctica.

1. Reconoce la emoción: dale el espacio que tiene; déjala expresarse y manifestarse. Mírala a los ojos firmemente; piénsala intensamente: ¿qué estoy sintiendo? ¿en qué lugar de mi cuerpo físico se aloja? ¿De qué color sería si fuese un objeto? ¿Qué temperatura tiene? Si la pudiese abrir, ¿cómo huele? Es importante tomarse el tiempo para vivenciar estas diferentes perspectivas.

2. Ubícala en tu mapa: el mapa es mi forma de representarme el mundo; el orden de prioridades en mi vida desde donde surgió esa emoción (una persona, situación, diagnóstico o lo que sea). Circunscríbela a un espacio específico. Esto te permitirá verla enfocada exclusivamente en ese espacio, no invadiéndolo todo, como usualmente solemos hacer al estar en estado de emoción dolorosa.

3. De dónde proviene: como si estuvieses en el cuento de Hansel y Gretel que van dejando un camino de migajas hacia atrás, encamínate luego paso a paso a desandar esa línea de tiempo para profundizar en el origen. ¿Qué raíces tiene? ¿De cuánto más atrás proviene esto que siento que me está produciendo tanto dolor? ¿Hasta dónde llegan mis creencias y paradigmas del pasado que me afectan en el presente?

4. Dale cariño a la emoción: ponle un abrazo cálido (puedes dártelo a ti mismo o bien pedir a una persona querida que te conforte en ese momento preciso). Apoya tus manos en el punto físico donde sientes esa emoción dolorosa. Siente cómo el calor va aliviando lo que estás sintiendo. Seguramente ya se siente más confortable a esta altura del proceso.

5. Pide un mensaje: cada emoción dolorosa viene a mostrarnos algo. Y sabemos que los aprendizajes no siempre se presentan en forma amable. Por eso, visualízate un momento por sobre tu cuerpo físico y como si tuvieses un extenso canal de luz hacia el infinito, desde la parte superior de tu cabeza. En ese canal de luz, pide en silencio que te llegue un mensaje: puede ser una palabra, una frase, la voz de alguien del pasado o presente, o simplemente una imagen. ¿Hace sentido para ti? ¿Trae algo de claridad a este momento?

6. Suelta la emoción dolorosa: esta es la parte clave. Una vez que hemos atravesado todo lo anterior, ya estamos en condiciones de soltarla y dejarla ir. Es como un lugar que hemos visitado, recorrido, no nos ha gustado demasiado y, sin embargo, nos vino a mostrar algo. No buscamos tener razón o victimizarnos. Sólo buscamos calma y paz. Tranquilidad de espíritu. Reconexión interna. A continuación, vamos suavemente hacia la siguiente estación del viaje, en silencio: no hacen falta las palabras. Sólo observar, sin demasiadas interrupciones de nuestra mente (inquieta por naturaleza).

7. Finalmente, dedícate unos minutos frente al espejo: mírate a los ojos mientras respiras profundamente. Es esencial que reconectes con tu mirada, para llegar a la profundidad de tu alma. Ahora, con mayor equilibrio, estás disponible para continuar el juego de la vida. Has tenido una experiencia nueva, desafiante quizás; siempre enriquecedora.

El secreto final: descripto así, parece fácil. Pero la verdad es que no resulta fácil, aunque sí es simple. Muchas veces tendemos a hacer complicadas las cosas, y si eres de las personas que les ponen mucha carga emocional a todas las situaciones, estoy seguro que con la práctica podrás incorporar el paso a paso y hacer que las emociones dolorosas duren lo que tienen que durar; ni más ni menos.

La mente querrá una y otra vez que actúes tu papel de víctima (ellos me hacen/me hicieron, por qué a mí, pobre de mí y tantas otras formas sutiles y obvias). Sin embargo, tu Ser espiritual, que es tu Alma, que todo lo sabe y es perfecta en su naturaleza, sabe la verdad y no admite engaños ni trucos. Algunos lo llaman esencia, conocimiento natural o intuición. Los nombres no importan. Lo que sí importa es que está siempre dentro tuyo para asistirte y protegerte cada vez que lo necesites.

INSPIRACIÓN PARA EL SÚPER HÉROE DE TODOS LOS DÍAS

10 sencillas formas de renacer

Cuando estás en el proceso de cambiar, posiblemente experimentes momentos donde haya una claridad absoluta en tu mente y emociones, y, casi al instante, un enredo del que tal vez no sepas a qué obedece o de qué forma salir. Esta guía de inspiración podrá rescatarte y ayudarte a sostener el enfoque en el resultado que estás llevando adelante; te permitirá atravesar las dudas, el desánimo y el dolor, para que puedas re encauzarte con más fuerza que antes.

1. Hazlo simple: despréndete de todo lo que complica la vida en este momento.

2. Enfócate en lo esencial.

3. Dedícate unos minutos a estar en silencio, con los ojos cerrados. Podrás "ver" de verdad con mayor claridad las situaciones que se presentan como desafíos.

4. Antes de dormir, da las gracias por al menos tres cosas buenas que están presentes en tu vida. Haz lo mismo al abrir tus ojos cada mañana.

5. Utiliza las palabras mágicas: Por favor, muchas gracias, eres importante para mí, gracias por su ayuda, son excelentes llaves que cambian la energía.

6. Piensa qué hacer con lo que tenemos: quizás hayamos perdido la salud, un ser querido, o estamos pasando un momento de mucha angustia y dolor. Aun así, podemos recobrar el entusiasmo aprovechando el impulso que nos provee lo que aún tenemos/somos, potenciarlo y así, comenzar a salir adelante.

7. Pide ayuda: hay muchas personas -aún las anónimas- dispuestas a escucharte o dar una mano.

8. Aprendizaje: piensa qué estás aprendiendo de cada experiencia que se presenta. Te ayudará a darle un nuevo sentido al desafío y, desde allí, proyectarás con más entusiasmo los próximos pasos.

9. Más que preguntarte "¿por qué?", puedes hacer el ejercicio de descubrir "¿para qué?" llega esta experiencia a mi vida. El dotarla de sentido, te ayudará, como una brújula fuerte y clara, a superar prácticamente cualquier situación que se presenta.

10. Cuídate del entorno: quizás haya muchas personas que no pueden comportarse en este momento de la manera en que pensabas que lo iban a hacer, sólo porque no saben cómo hacerlo. Eso depende de cada uno. Esto incluye que muchos amigos y seres queridos quizás queden en el camino. Aprender a soltar los vínculos sin rencor es una buena clave.

Por eso, busca apoyo en tu fortaleza interior y comparte tu momento con quienes puedan acompañar de la mejor forma posible. Deja ir todo lo superfluo y enfócate en el resultado: visualízate alegre, entusiasta, sano, productivo, abundante. Los pensamientos crean estados de conciencia; cuanto mejor puedas proyectarlos con tu capacidad creativa, tienes más chances de que se hagan realidad.

5 afirmaciones para apoyarte en el día a día

La invitación es a apoyarte en una frase corta que resuma lo que quieres lograr, como si ya lo estuvieses viviendo en este mismo instante. La clave es que, al repetirla conscientemente muchas veces al día, y a toda hora, -en voz alta o sólo para ti-, vayas reconectando con la poderosa energía de transformación de la visualización creativa que te conducirá al éxito de tu trabajo personal.

Estos ejemplos funcionan para casi todo tipo de situaciones, y pueden rescatarte cuando estés con enfado, duda o emociones encontradas. Siéntete libre de diseñar la frase que mejor se adapte a tu realidad del momento, y practícala para obtener el mejor resultado. ¿Cuánto tiempo hay que practicarlo? Lo suficiente hasta haber cambiado y salido del estado en que te encontrabas.

"Me amo y me acepto como soy, viviendo plenamente los cambios en mi vida"

"Estoy abierta/o y receptiva/o a todo lo nuevo, con entusiasmo y abundancia"

"Yo soy un ser pleno y abierto, viviendo con amor, alegría y confianza"

"Con valor, aceptación y felicidad, estoy viviendo plenamente cada cambio de mi vida"

"Soy un ser libre, completo y feliz; disfrutando de la vida, las relaciones, la abundancia que llega a mi sin esfuerzo"

¡Feliz renacer, con fuerza, energía y entusiasmo!

— 0 —

"La forma en que nos comunicamos con los demás y con nosotros mismos, en última instancia, determina la calidad de nuestras vidas."

Anthony Robbins

(Escritor y conferencista motivacional)

CAPÍTULO 3

MEJORA TU COMUNICACIÓN

"Cuida tus pensamientos, porque se volverán palabras.
Cuida tus palabras, porque se volverán actos.
Cuida tus actos, porque se volverán costumbres.
Cuida tus costumbres, porque forjarán tu carácter.
Cuida tu carácter, porque formará tu destino.
Y tu destino, será tu vida".

Mahatma Gandhi

El poder de las palabras y los gestos

Vivimos en una época de sobre abundancia de mensajes de todo tipo. La contaminación visual, auditiva, kinestésica (emociones y sensaciones) es abrumadora. Por todos lados, las 24 horas, nos llegan conceptos, opiniones, informaciones, publicidades y discursos políticos de todo tipo, que hasta nos hace plantear la veracidad de las cosas.

Es interesante mantener siempre una mirada crítica. Crítica no en el sentido de oponerse porque sí a las cosas, sino de sostener un sentido de reflexión antes de asumir como verdadero todo lo que recibimos.

Sin ambición de ponernos demasiado filosóficos, podemos empezar a reflexionar sobre el poder de las palabras.

El lenguaje, en cualquiera de sus manifestaciones, se almacena en nuestros estados de conciencia. La palabra, en sí misma, suelta, independiente del contexto, no tiene demasiado peso. Aunque si le sumamos una articulación premeditada o espontánea y la colocamos con una carga emocional y enfática determinada, produce un resultado.

Así, las palabras se almacenan en nuestro archivo interno. Crean pensamientos, que son la raíz de los estados de conciencia. Estos estados de conciencia -que son inconscientes en la mayoría de los casos- crean un impacto en nuestro sistema de creencias -la forma en que nos relacionamos con el mundo-. Y si le damos preponderancia a estos estados de conciencia que influencian las creencias, se transforman en realidades -lo tangible y concreto-.

La acción es producida por un pensamiento que se transformó en un estado de conciencia que promueve que te muevas en el sentido del pensamiento que la originó. En palabras sencillas: en lo que piensas es en lo que te conviertes.

Hay muchos estudios científicos que estudian los procesos de comunicación humana, con sus herramientas de persuasión, seducción, convencimiento y hasta de manipulación. Ésta es una de las más nocivas. ¿Por qué? Porque la manipulación no sólo busca torcer las acciones de otro sin considerar sus puntos de vista, su percepción, historia personal, etc.; sino que busca, mediante la coerción, "darle todo masticado" para que no tenga demasiado que pensar.

La educación en el pensamiento individual y crítico es, en sí mismo, un valor que no se estimula demasiado en Occidente. De hecho, no está demasiado bien visto si tomamos tiempo de silencio, relajación, meditación, o simplemente, contemplación para reconectar con nosotros mismos. Y en silencio.

En lo cotidiano, lo hacemos muchas veces inconscientemente: al levantarnos, lejos de tomarnos un tiempo prudencial, muchos seres humanos encienden la televisión o la radio "para ver cómo está el clima" -que seguramente pueden observar por una ventana-, o se conectan inmediatamente con sus dispositivos móviles, para ver "qué tanto cambió el mundo" mientras estuvieron durmiendo unas horas.

La buena noticia es que estas actitudes no encierran nada malo en sí mismas; aunque si son recurrentes y te alejan de la posibilidad de evolucionar como ser humano en cualquier plano en el que te desempeñes, es probable que a la larga te pasen factura. La desconexión es necesaria, como lo es un reseteo periódico de un computador. Sirve para liberar información inútil que almacenamos sin sentido.

Justamente las palabras se almacenan así en nuestro inconsciente.

En 2004 se realizó en Argentina el III Congreso Internacional de la Lengua Española. Allí nos enteramos de que el castellano cuenta con 84 mil vocablos, de los cuales hoy se usan apenas mil en las personas con alto nivel de formación.

La mayoría de las personas del segmento medio de instrucción solamente utiliza 500 palabras; y las nuevas generaciones, apenas 250. Con 250 palabras se construye un sistema de comunicación, alimentado por las deformaciones, transformaciones, dialectos regionales y otras infinitas combinaciones.

Para personas que no han logrado por diversos motivos engrosar su lenguaje, se les hace más difícil ser conscientes de la posibilidad de reemplazar -por ejemplo- el "Miedo" por "Valentía" y el "Eres inútil" por un "Yo puedo". De allí que la comunicación política utiliza todo tipo de engaños para debilitar el pensamiento crítico de grandes masas de personas, apelando a estos recursos todo el tiempo. Como estas personas más desfavorecidas por el momento no tienen la chance de analizar y procesar, muchas veces lo toman literalmente.

En cambio, lo que no se toma literalmente y se decodifica de manera totalmente diferente, son los gestos: la autenticidad, la transparencia y la ética conforman un patrón de expresión en sí mismo. Por eso a similar mensaje, expresado por interlocutores diferentes (uno "actuándolo", otro "sintiéndolo") cualquier persona del mundo se da cuenta inmediatamente quién miente.

"Si las palabras son pensamientos, o los traducen, o los organizan, esa pavorosa noticia estaría hablando de la miserable pobreza de los pensamientos, del paupérrimo estado de las ideas entre quienes usamos esta lengua. Cuida tus pensamientos, porque se volverán palabras. ¿Tan pocos pensamientos quedan en el territorio del hispano parlante, tan pocas ideas pugnan por expresarse y requieren de instrumentos para hacerlo? En un mundo "globalizado" (¿qué significa, al final de cuentas, este neologismo?) vale sospechar que lo mismo ocurre con todos los (grandes) idiomas universales", se dijo en aquel congreso.

Asistimos a una era donde palabras "reflejas", que vienen a ser aquellas que tienen un peso específico en sí mismas -es decir, que crean una inmediata interpretación casi unívoca cuando las escuchamos o expresamos-, van perdiendo potencia frente al uso indiscriminado por la política, la tecnología con sus geniales aplicaciones y recursos, los medios de comunicación, los actores sociales, la publicidad y el marketing, las relaciones públicas y toda la industria que rodea las múltiples facetas de la generación y divulgación de mensajes. "Paz", "Amor", "Confianza", "Miedo", "Tristeza", son fácilmente asimilables con un sentido casi único y prácticamente universal.

Y hay otras que se ponen de moda. En América Latina venimos viviendo complejos procesos políticos, empresariales, crisis regionales, coletazos de crisis globales y todo tipo de dificultades según los países. Sin embargo, el uso del "diccionario políticamente correcto" está a la orden del día.

Y no sólo lo utilizan los presidentes y políticos de toda escala y empresarios para mezclarlas en su discurso y comunicaciones sin ton ni son, sino que millones de personas asumen que, como lo dijo "alguien importante", debe ser verdad. Es decir que el sólo hecho de decirlo, propagarlo, enfatizarlo y multiplicarlo, lo legitima.

Observemos estos ejemplos de palabras "modernas" recurrentes, que de tanto repetirlas van perdiendo su sentido: Sostenibilidad, Inclusión, Convicciones, Sometimiento, Libertad, Nacionalismo, Populismo, Sentido social, Voluntad, Totalitarismo, Procesamiento, Reformulación, Equiparación, Mentira/Mienten, Globalización, Emergente, Sistémico, Miedo -en todas sus variantes-, Vulnerabilidad, Consustanciados, Transversal, Problemática, Sustentabilidad, Responsabilidad Social, Sistematización, Obstaculización, y la lista sigue. Lo único que se logra abusando de este recurso es la pérdida de sentido y fuerza al comunicar. Y esto deriva en una baja reputación y credibilidad por más esfuerzos que se hagan.

¿En qué se transforman estas palabras que se usan sin sentido? En un cliché. Un cliché es un modismo -el equivalente a un tic físico, pero hablado o escrito- cuando se necesita rellenar sin demasiado contenido, pero con sentido rimbombante y hasta barroco para "sonar bien". Esto último remite a la liviandad y superficialidad de la comunicación: cuantos más mensajes sin demasiado peso específico se lancen, menos profundidad dejamos al interlocutor para que elabore su propio sentido crítico, ni mucho menos sus propias ideas. La invitación es a dejar de utilizar las palabras de moda. Esto nos permitirá priorizar lo esencial y descartar todo lo superfluo. La comunicación será más sencilla, directa y efectiva.

Dos ejercicios prácticos

Cualquiera de nosotros puede experimentar la sensación de dejar de entregarle el poder a una palabra. Por ejemplo, hay muchas técnicas que ayudan a atravesar parte de traumas vitales mediante la desarticulación del lenguaje que trae una carga de dolor.

Una manera de ejercitarlo es disponer de un buen tiempo, y repetir incansablemente "esa" palabra dolorosa que nos provoca revulsión y que, sentimos, nos impide avanzar o vivir más libres. Hay que hacerlo hasta quedar cansados de repetirlo. Les aseguro que funciona.

Otra propuesta es desprogramar conscientemente las palabras que nos traen resultados no deseados.

¿Sabías que por cada pensamiento negativo se necesitan al menos 33 pensamientos positivos para equilibrar la balanza? Así que puedes imaginar el esfuerzo que debemos hacer frente a la catarata de expresiones humillantes y negativas que escuchamos y recibimos a diario.

El segundo ejercicio es este: si quisieras lograr algo, es conveniente que reemplaces la expresión "Tengo que…", por

"Quiero" o "Elijo". De esta forma, con suficiente ejercitación consciente, podrás reemplazar un patrón negativo por otro positivo y proactivo que te mantendrá en acción.

No se trata sólo de la tan famosa "psicología de la felicidad". Se trata de la necesidad de conquistar cada día una mejor calidad de vida para nosotros y proyectarla hacia los que nos rodean.

El efecto "jamais vu"

¿Te ha pasado que en un momento dices una palabra y es como que ésta se desconstruyó a sí misma y no reconoces el sentido o sus partes? Se le llama "jamais vu", y significa "nunca antes visto" en francés, lo opuesto del "déjà vu". Se refiere a la sensación de no estar familiarizado con cosas que ya se nos hacen muy conocidas, como situaciones o palabras. Se estima que el 60% de las personas han vivido un "jamais vu" antes. Por eso la palabra nos parece "rara", infrecuente y como si estuviese fuera de lugar.

¿De dónde viene el «Jamais vu»? Los estudiosos dicen que se identificó hace más de un siglo. Para llevarlo a un ejemplo práctico, cuando los músicos componen muchas veces necesitan "desconstruir" una palabra, para que calce en el fraseo que van a cantar. Esto incluye la acentuación, que también puede tener leves modificaciones. Para quienes escuchamos la canción, nos suena extraña esa expresión. Mientras que los músicos a veces viven lo que se llama "cansancio semántico": de tanto repetir una expresión, el cerebro se cansa, y debe hacer un esfuerzo extra para reconectarse con el sentido.

Un simple cartel que cambió millones de vidas

¿Qué eliges: tener la razón o ser feliz? Este enorme cartel del que hablaremos, que por muchos años cruzaba un puente de las vías del tren, a lo alto de una transitada avenida de la ciudad de Buenos Aires, Argentina, refleja una creencia sumamente arraigada en América Latina, con mayor énfasis en algunos países: si no piensan como yo, están equivocados.

Los que estamos en el mundo de la comunicación sabemos que no hace falta en muchos casos una inversión gigante para lograr un impacto de este tamaño. En este caso, es casi como un grafiti improvisado que estuvo más de cinco años colgado a la vista de millones de personas, y posiblemente sus autores no alcancen a dimensionar el impacto positivo y transformador con algo tan sencillo.

En momentos en que muchos países de América Latina (y por qué no, del mundo que hoy es global) son moneda corriente la discusión, la denostación y los mensajes negativos, y cuando parece que nos vamos acostumbrando de tan frecuentes, los comunicadores podemos aportar y redefinir el rol: sin dejar de ser creativos, vender, posicionar, transparentar o cualquiera que sea el objetivo que se persiga. Siempre hay posibilidad de construir. Sería una buena visión de la ética profesional, ¿verdad?

¿Cómo dar el próximo paso?

Las diferencias de opinión siempre son saludables y, si se producen en el marco de un sano intercambio, pueden resultar altamente positivas para ambas partes. Los que brindamos servicios sabemos que es altamente probable que debamos dirimir asuntos en todo momento. El 50 por ciento de nuestro tiempo es creativo y productivo, incluyendo lo operacional; y el otro 50 por ciento, de contención a nuestros clientes.

También sabemos, como especialistas en persuasión que nos hemos convertido, que tenemos a mano las herramientas que puedan hacer una contribución constructiva, aunque sea en pequeña medida.

En medio de tanta pelea, queja y agresión, la resolución de conflictos convencional, la empatía y el ponerse en los zapatos del otro muchas veces se transforman en un excelente manual de meras buenas intenciones, porque en la práctica, desde las fuerzas políticas opositoras hasta los ciudadanos, polarizan y se apropian de sus opiniones como si fuese el último bastión disponible.

Por eso es conveniente mirar en perspectiva la situación, para centrarse en el resultado mayor para el bien de todos, y no de alguien o un sector en particular.

10 formas de opinar distinto y no terminar peleados

A continuación, presentamos 10 claves de rápida aplicación que ayudarán a tener una visión menos obtusa y de mayor entendimiento, contribuyendo a un resultado superador. También pueden servir para sortear más de un problema con clientes o públicos, e incluso con jefes y compañeros de trabajo:

1. No hay verdades absolutas: siempre hay puntos de vista sobre prácticamente todas las cosas. Por eso que tener la habilidad de observarlos sin más, es la primera forma de evitar peleas y discusiones que pueden terminar mal.

2. Cambiar de posición: incluso físicamente, si estamos frente a otra persona; movernos sutilmente; y adoptar algunos de sus gestos, ciertas palabras que nos dice, tono de voz y acompasar la diferencia de opinión, son buenas herramientas para ganar en empatía y estar más cerca de un cómodo punto intermedio.

3. Aprender a ceder: ambas partes sabrán que el mejor resultado es el que se obtiene en un punto de encuentro y acuerdo, por lo cual, si me quedo cerrado e inflexible, es muy difícil destrabar cualquier diferencia.

4. Entender no es lo mismo que justificar: si la disputa viene de un hecho que realmente no puedo dejar pasar ni dar por terminado, una buena estrategia es enfocarme en entender (que no es lo mismo que justificar ni validar) la posición que se manifiesta del otro lado. Este simple hecho de ver el otro punto de vista ya abre una perspectiva de conocimiento y experiencia diferente.

5. Contar con toda la información: sobre todo en discusiones intangibles, o de matices ideológicos, rara vez ambas partes cuentan con los mismos elementos de análisis; por lo que acceder a información objetiva y que pueda ser evaluada en conjunto, podrá traer un pronto arribo de un razonable punto intermedio, más allá de las disputas.

6. Pensar más allá: preguntas sencillas, como ¿es esto fundamental? ¿Qué parte de mí se juega en la discusión? ¿Qué pierdo si no salgo "ganando"? ¿Es relevante para ambas partes? ¿Cómo puedo marcar mi posición sin agredir ni denostar? son fundamentales a la hora de encarar las diferencias.

7. Mentalizarse en lograr acuerdos: la base es preparar una diferencia de opinión sobre la base de la real necesidad de alcanzar el mejor acuerdo posible, que deje a las dos partes satisfechas (el célebre "ganar = ganar" de la Programación Neuro-Lingüística). Si partimos de esta base, alcanzarlo será más sencillo que si vamos exclusivamente en pie de guerra.

8. Quitarle las emociones: muchas veces al opinar distinto le ponemos una carga emocional excesiva. Bajar esta carga -que es como un arma llena de municiones que quiere aniquilar a los que no piensan como yo- es muy saludable para encontrar un punto de encuentro incluso en medio de las discrepancias.

9. No interrumpir al otro: dejar que se exprese, sin filtros ni condiciones. No agraviar, no denostar ni herir con expresiones que sólo pueden lastimar. Y pedir lo mismo cuando sea nuestro turno al opinar.

10. Cerrar el acuerdo con los puntos en coincidencia, e incluso dejar abierta una nueva charla a futuro -que ya estará alimentada de esta buena primera práctica-. Enfocarse siempre en los puntos de acuerdo y no de diferencia. Esto hará más claro y fluido el arribar a un resultado satisfactorio.

Estos elementos de comunicación efectiva, harán que las diferencias de opiniones no deban terminar siempre en peleas, pleitos o en cosas mucho mayores, como una guerra. Y, además, permitirán que todos los involucrados se sientan mucho mejor que al comienzo.

Es posible que de arranque lleve algo de práctica y necesite la ayuda de un facilitador profesional para encauzar el diálogo; luego, se adquiere la destreza de buscar el bien mayor y se la incorpora naturalmente en todos los ámbitos de la vida.

Recuerda: "las opiniones son como las narices: todos tenemos una". Así que es normal tener discusiones y puntos de vista diferentes. Lo fundamental es querer salir del círculo vicioso del "toma todo" (como en el juego de la perinola), para concentrarnos en obtener otra cara del mismo dado: "todos ganamos".

3 claves para hacer críticas constructivas

"Quedé destrozado", "No esperaba que reaccione de esa forma", "Me dejó paralizada, sin posibilidad de decir nada", son algunas de las frases que solemos escuchar o nuestros propios sentimientos y emociones cuando recibimos críticas despiadadas de otras personas hacia nosotros.

Generalmente nos resulta mucho más sencillo erigirnos en reyes y jueces de los demás, que de nuestros propios comportamientos y acciones.

Este apartado te brindará tres formas claves para que, de ahora en más si lo deseas, puedas convertir tu tendencia a la crítica hacia los demás en algo constructivo. Se trata del feedback, es decir, la retroalimentación que establece las bases relacionales con los demás.

Estos procesos, que podemos llamar de "comunicación consciente", apuntan a tomar en cuenta todos los aspectos relacionales de los seres humanos, donde lo mejor sería centrarnos en la posibilidad de construir en lugar de destruir. Eso sería lo ideal, aunque, como sabemos, en un mundo con una fuerte polaridad negativa, muchas veces deberemos hacer un gran esfuerzo racional para enfocarnos en los aspectos positivos más allá que estemos de acuerdo o no en el tema en cuestión.

Primero: aduéñate de la comunicación. Se trata, ni más ni menos, de la reformulación casi científica del popular dicho "No lo tomes como personal, pero..." que, como observarán, conlleva una trampa. La trampa es la palabra "pero" que anula todo lo demás. Tanto en este ejemplo, como en la vida cotidiana, cada vez que decimos "pero" invalidamos todo lo que le antecede, por lo que sería muy bueno empezar a borrarla de nuestro léxico. Asumir en primera persona lo que decimos es hablar desde ese lugar, y sin salir de él durante todo el proceso que queremos comunicarle a la otra parte. Así, expresaremos frases como "Lo que siento respecto a esto...", "Lo que me parece desde mi punto de vista personal es...", "Mirándolo desde mi perspectiva...", "De mi parte, y sólo para mejorar esta situación, quiero que sepas que...". El resultado en esta forma de feedback es fomentar una mayor apertura de la otra parte (observa que decimos claramente "la otra parte" y no la "contra parte") para considerar el punto de vista que estoy planteando desde una perspectiva personal.

Lo contrario a esto es lo que suele hacer el 90% de las personas: acusar con frases que suelen herir, limitar y paralizar, como

"Tú me dijiste que…", "Eso que hiciste es…", "Es un desastre este trabajo que has hecho…", y otras por el estilo. A esto podemos llamar el "dedo acusador". A propósito, recuerda que cuando levantas el dedo, hay uno apuntando adelante, y otros tres hacia ti, así que imagina quién sale perdiendo con esta actitud tan arraigada en muchas personas.

Segundo: cuida el tono y la emoción. Los estudios basados en la Comunicación No Verbal, así como la Programación Neuro-Lingüística revelan que un altísimo porcentaje de nuestro intercambio con las personas es gestual. Por lo tanto, la mirada, los gestos, las emociones y lo no dicho se transforman en protagonistas. Se estima que entre un 65 y un 80 por ciento es comunicación no verbal, impulsada por esos accionadores. Si prestas atención en mantener un tono neutral -aunque al principio conlleve cierto control de tu emocionalidad-, cuidar tus palabras -utilizando sólo las apropiadas para hacerlo en primera persona y no generar heridas emocionales en la otra persona- y claridad en lo que expresas, estarás un paso más cerca de que te "bien interpreten".

Tercero y fundamental. No dar nada por sentado. Por eso es fundamental hacer preguntas e indagar sobre el asunto que traten. Los estudios de la comunicación humana han determinado que más del 75% de los conflictos se deben a preguntas no hechas a tiempo. Toma el espacio necesario para aclarar las dudas. Ratifica los resultados. Recapitula antes del final de cada conversación o documento donde debas volcar tus impresiones. Haz un resumen en cada conversación que tengas. Menciona en primer lugar los acuerdos a los que han arribado, las responsabilidades, plazos específicos para el cumplimiento de las metas, y luego, los aspectos a mejorar del proceso.

Si sigues estos tres pasos, es altamente probable que mejores sustancialmente tu proceso habitual de comunicación interpersonal en muy poco tiempo.

El mismo procedimiento se sigue a la hora de delegar tareas, para no encontrarte con sorpresas en el resultado deseado. Todo es cuestión de entrenamiento y de la habilidad de poder entrar más rápidamente en el mundo del otro, para comunicarnos de una forma abierta, franca, receptiva y colaborativa, ya sea en temas personales, relaciones amorosas, trabajo, amistad y hasta para negociar un contrato.

Cómo hablar bien para obtener mejores resultados

13 errores frecuentes de la oratoria en todos los aspectos de la vida

El arte de hablar en público, presentar proyectos, vender ideas, comunicar campañas, logros y avances; negociar contratos y cualquier oportunidad de exposición pública ante pequeños o grandes auditorios, resulta a veces un desafío para los oradores inexpertos.

Es una realidad que no podemos eludir: en cualquier ámbito profesional y personal la oratoria es siempre una herramienta para comunicar información acerca de cualquier proyecto u objetivo, porque nos permite aprovechar mejor nuestras oportunidades de llegar e impactar en cualquier clase de auditorio. Por eso se dice que la oratoria es una cualidad clave. Pero es sabido que no todos se sienten cómodos cuando se les pide que digan unas palabras delante de un auditorio, sobre todo cuando los presentes no esperan nada menos que un buen desempeño.

Este capítulo parte desde un lugar diferente: la oportunidad de mejora; eso que comúnmente llamamos *errores*. Aquí van los trece más frecuentes a la hora de expresar las ideas con las personas que queremos, en pequeños grupos y ante grandes auditorios. Corrigiendo cada uno de estos puntos, ganarás en asertividad y éxito en tu comunicación; y, además, por el mismo precio, te convertirás en un orador experimentado.

1. Hablar demasiado rápido o demasiado lento: frecuentemente los oradores inexpertos no tienen demasiada noción del impacto del ritmo y las cadencias al hablar. Recuerde que en situaciones de estrés o nervios solemos hablar demasiado rápido. Y, por el contrario, si no sabemos cómo controlar los nervios, muchas personas hacen más lento su hablar. Por lo tanto, es ideal concentrarse en pocas ideas con mucho desarrollo, que en lo contrario: muchas ideas, y poco tiempo para desarrollarlas. Una clave para resolver este tema es practicar el discurso, grabarlo en video y visualizarlo con otras personas, que puedan darle un feedback acerca de la forma y del ritmo de su alocución.

2. Hablar gritando o en voz demasiado baja: la correcta proyección de la voz, con la respiración adecuada donde se utiliza casi la totalidad de la capacidad pulmonar y el diafragma ayudarán a mantener sanas sus cuerdas vocales, y a no quedarse sin aire durante la presentación. Si la tensión se apodera de usted, y hace que hable a los gritos, o casi como un susurro, tenga la precaución de serenarse y corregirlo de inmediato. Tal vez su intención no sea transmitir un tono imperativo y duro, aunque si emite en un volumen, tono y cadencia excesivos, el público así lo percibirá. ¡Tranquilo! Los micrófonos están diseñados para amplificar su voz, por lo tanto, no debe preocuparse. En cambio, si no utiliza micrófono, necesita asegurarse de mantener una proyección de voz uniforme que sea audible sin interferencias en todos los rincones del salón. Esto se logra con una correcta modulación y proyectando su voz con el aire suficiente a través de su aparato fonador.

3. Hablar sin conocer el tema a fondo o sin haberse preparado como se debe: inmediatamente el público se da cuenta y perderá la confianza en su presentación, si percibe que no es un conocedor del tema o no lo ha preparado. Pequeños indicios, como buscar papeles perdidos, intentar recordar un dato y leer continuamente de la pantalla del proyector, son algunos síntomas de este error frecuente. Para no cometerlo, prepárese con suficiente tiempo; busque información de contexto; sintetice los puntos principales en una breve guía que podrá tener a mano, y enfóquese en dos o tres puntos principales.

4. Descuidar su imagen personal o vestir accesorios que distraigan al público: dicen que no hay segundas oportunidades para causar una primera buena impresión. Sin embargo, muchos oradores llegan corriendo a dar sus discursos; no cuidan su aseo y su presentación; utilizan un vestuario poco adecuado para el momento en que están disertando, y suelen utilizar distintivos, alhajas, corbatas muy llamativas y otros accesorios altamente distractivos. Lo adecuado es una vestimenta neutra, con algún toque distintivo. En oratoria y frente al público, menos, es más.

5. Hacer movimientos rítmicos, o gestos mecánicos, todo el tiempo: bajo la falsa creencia de estar imponiendo ritmo a su presentación, el orador inexperto suele mostrar una catarata de tics y modismos nerviosos, ¡incluso muchos que ni sabía que tenía! Una forma de controlarlos es, una vez más, prepararse lo suficiente para la presentación. Además, podrá acentuar ideas con sus manos, o, si está sentado en una mesa de oradores, o de pie detrás de un estrado, apoyar suavemente las manos para evitar moverlas en exceso.

6. Irritar al auditorio con un tono intelectual y aburrido, frases groseras, asuntos poco delicados o con disculpas o recriminaciones constantes: darse corte de una pretendida superioridad; "retar" al público, o utilizar frases de mal gusto, pueden ser síntomas de su incomodidad en escena. Por lo tanto, debe revisar exhaustivamente toda su presentación; ensayarla tantas veces como sea necesario; y también, simplificar al máximo el lenguaje para asegurarse que su mensaje llegue eficazmente.

7. Definitivamente, ¡dígale NO! a las muletillas: es preferible que tome unos segundos para pensar su próxima idea, en lugar de llenar los baches y espacios con muletillas como "ehhh", "esteee", "¿no?", "pero…", "¿vio?", "a ver", "¿me explico?", "o sea", "mmmm", o algunas muy utilizada en el vocabulario de muchos jóvenes: "Y… nada…", "qué onda", "na' que ver". ¿Cómo puede evitarlas? Preparando su discurso. Apropiándose del tema. Haciéndolo suyo. Manejando un ritmo sereno, aunque atractivo para el público y que se desprenda de palabras sin sentido.

8. Hablar demasiado de uno mismo: si bien como hemos detallado anteriormente puede introducir algunas referencias a experiencias personales, excepto que esté haciendo un relato de su vida no es conveniente basar su discurso en ejemplos suyos. El narcisismo y egocentrismo no son cualidades que se llevan bien con los oradores. La sugerencia es que, no importando su rango institucional, corporativo o su experiencia en el tema, busque siempre ponerse a tono con el público, y establecer una sintonía casi de igual a igual. De todas formas, el orador es usted: no hace falta que lo resalte con permanentes auto referencias.

9. No preparar la presentación sin orden lógico, o en forma tan confusa, el auditorio no la va a poder entender: muchas personas creen que preparar un discurso es, simplemente, juntar información y recitarla. Y lo que no está preparado, se improvisa. Excepto que usted sea un experimentado orador, la sugerencia es que, siempre y sin excepción, dedique el tiempo suficiente para preparar su material, ordenarlo dándole una secuencia lógica y que guíe y acompañe al público. De lo contrario tiene altas posibilidades de no ser comprendido. Todo discurso debe tener su estructura: comienzo, desarrollo y final.

10. Imitar a otros: como en tantas otras áreas de la vida, muchas personas piensan que imitando rasgos de otros podrán armar una personalidad como orador. Esto es un error, porque este proceso de literal despersonalización desembocará, sin dudas, en más temor, miedos, inseguridades, inmovilidad, y en un aspecto poco real y hasta falso, que se transmitirá con usted en escena. Por lo tanto, lo recomendable es descubrir su propio estilo que irá de acuerdo a su personalidad. Es un proceso de ensayo y error, aunque con la práctica muy pronto irá descartando lo que no funciona, e incorporando más de aquello que sí le resulta apropiado.

11. Ser demasiado extenso: por inseguridad, por tomar revancha sobre otros oradores, o tal vez por no saber medir el tiempo, muchos oradores inexpertos preparan material en exceso, y luego, no pueden hacerlo cuadrar dentro del tiempo previsto. Es por este motivo que lo ideal es que se centre en unas pocas ideas esenciales, y las desarrolle con claridad, serenidad y transparencia; en lugar de hacer discursos eternos que, inevitablemente, se transformarán en aburridos. Además, cuanto más extenso, más posibilidades de cometer errores tendrá -como caer en reiteraciones, dudas, perder el foco de lo verdaderamente importante que necesita transmitir, dispersar al público y hasta provocar una huida en masa del salón-. ¿Cómo controlar el tiempo? Puede tener en el estrado o mesa un reloj que sólo usted vea. Otro recurso es que un asistente le muestre carteles desde el fondo del salón cuando falten 10, 5 y 2 minutos para el final. Con la práctica, manejará automáticamente los tiempos.

12. Terminar sin un buen cierre: pocas cosas son tan faltas de impacto al ver a un orador como no saber que terminó su discurso... cuando ya terminó. Por lo tanto, tome todos los recaudos para que el público no tenga dudas acerca de su final.

13. No mirar a las personas alternadamente a los ojos y mirar al techo, a las paredes, a las notas, o al vacío: un error frecuente es evitar el contacto visual con el público y hacer demasiados movimientos oculares, o gesticular en exceso. Otros, prefieren mirar los papeles que leen o sus notas de apoyo; o, peor aún, mirar hacia el piso o hacia el techo. Cualquiera de estos ejemplos, reales y comprobables por todos, lo único que producirán es un alejamiento del punto de atención que usted, como disertante, necesita lograr.

Superados estos trece escollos, algunos con mayor dificultad que otros, podremos notar que mejoras en prácticamente todo tipo de situaciones. ¿Cómo? A continuación, damos algunos consejos para hacerlo.

22 consejos para convertirse en un orador que motive y lidere cambios

Como la comunicación es uno de los ejes fundamentales de la vida de relaciones que tenemos, tanto si hablamos con nosotros mismos -la *autocharla*- como con otros, y siguiendo la línea del apartado anterior, aquí encontrarás más herramientas básicas que podrás aplicar en todo tipo de situaciones. Son muy sencillas de implementar y el resultado es ciento por ciento garantizado si lo practicas lo suficiente.

1. Conozca a su público: Es muy complejo afrontar una situación de discurso si no sabe quién es su audiencia. ¿Por qué están aquí? ¿Vinieron espontáneamente u obligados? ¿Cuál es el interés que tienen en acompañarlo en su exposición? ¿Por qué lo que usted diga puede ser interesante para ellos? Averigüe toda la información posible y planifique cuidadosamente su presentación. Por ejemplo, llegue siempre una hora antes al lugar de la conferencia, indague la lista de inscriptos, converse con ellos en el hall. Esto le permitirá ganar en autoconfianza.

2. Mantenga el rumbo - No abandone su tema principal: es necesario que el público sienta que su discurso tiene un objetivo, y que usted avanza hacia él progresivamente. ¡Peligro! No se vaya por las ramas extendiéndose en ejemplos sin sentido o referencias fuera de contexto. A un discurso, conferencia o situación de hablar frente al público, la hacen usted, su mensaje y el público.

3. Sea cuidadoso con las interrupciones de sus oyentes: usted es el capitán del barco. Los aportes del público, muchas veces, pueden ser positivos y enriquecedores; aunque en ocasiones hacen que el discurso o la conferencia se vayan de cause y tomen el rumbo equivocado. Frecuentemente, sobre todo si usted aún no tiene dominio de su arte como orador y, por ende, de su audiencia, pueden hacer que el encuentro derive en un cauce trivial, o se aparte del objetivo que usted se propuso. Aquí van algunos procedimientos que le permitirán encauzar el rumbo; utilice estas frases cada vez que lo considere apropiado: "…sus palabras me traen a colación…", "…eso me recuerda…"; "…es interesante ese punto de vista, sin embargo…"; "… precisamente sobre ése aspecto hablaré más adelante…"; "…le propongo ver esa idea de una manera diferente…"; "… sé que todos podemos tener nuestras apreciaciones sobre el tema; sin embargo, me interesa resaltar que…", y tantas otras formas, sin agredir ni confrontar.

4. Conozca profundamente su tema: muchas veces debemos dar discursos sobre aspectos que no son de nuestra incumbencia específica. Es necesario tener una opinión formada y solvencia acerca del tema que abordará. Esto le permitirá hablar con autoridad, entusiasmo y convicción. Prácticamente es posible abordar cualquier tema cuando se convierte en un orador experimentado. Esto se logra buscando en su interior, y apelando a su experiencia, estudios, proyectos, casos, referencias y todas las fuentes de información posibles. Así, podrá disertar sin inconvenientes y con soltura. ¡Peligro! Apelando a una expresión popular, no caiga en "una guitarreada", es decir, hablar utilizando las palabras elocuentemente, aunque carentes de sentido. El público se da cuenta al instante y le dará su feedback en formas inapropiadas.

5. Utilice ejemplos y haga comparaciones: cuando estructure su discurso, el objetivo principal es llegar con su mensaje al público. Puede suceder que uno de los principales inconvenientes sea el de la necesidad de transmitir ideas abstractas o difíciles. En este caso, busque ejemplos, establezca paralelismos, use metáforas y analogías para hacer más clara su exposición. El recurso de las comparaciones también es sumamente eficaz. Consiste en comparar lo que está expresando con elementos o situaciones de otros ámbitos, que usted intuye que pueden ser conocidos por su auditorio y que, a la vez, tengan cierto parecido con el tema.

6. Apoye la información con estadísticas: siempre que sea factible, es importante utilizar estadísticas que apoyen su tema. ¡Cuidado! No abuse de los números, y menos aún, si son complejos de explicar. Brinde síntesis y siempre con un sentido de apoyo a lo que está exponiendo. Puede entregar copias impresas o digitalizadas del material de su exposición, lo cual siempre es bienvenido por el público. Si es así, anúncielo al comienzo, porque los ayudará a mantenerse enfocados en su discurso, sin estar pendientes de tomar notas.

7. Comuníquese con los distintos tipos de públicos que están allí, con usted: Si bien podemos ver al público como una gran masa uniforme, cada persona tiene sus particularidades, personalidad, experiencia y, sobre todo, expectativas acerca de su exposición. Por eso es importante articular su discurso de forma tal que llegue eficazmente a todas y cada una de las personas. Una aproximación interesante para lograrlo es tener en cuenta los postulados básicos de la P.N.L. (Programación Neuro-Lingüística), una ciencia que estudia los procesos de comunicación humanos. Según se ha estudiado, los seres humanos captamos la información básicamente de tres formas. Lo hacemos mediante un sistema representacional, es decir, la 'forma' en que nos representamos el mundo; y desde allí, permitimos -o no- que nos llegue la información. Hay personas que son predominantemente visuales, auditivas o kinestésicas. Si bien la forma en que cada ser humano se permite captar la información está determinada por su historia personal y sus filtros (es decir, una especie de 'colador' por el que tamiza lo que recibe), si utiliza apropiadamente los recursos de la P.N.L. para llegar al público puede ser sumamente enriquecedor.

8. Sí a entrar en detalle, aunque con cuidado: un efectivo uso del nivel de detalles en su exposición puede darle lucimiento y brillo; aunque el uso fuera de control producirá aburrimiento y que el público se disperse de su idea principal provocando un efecto negativo.

9. Utilice testimonios: en caso que use relatos, fuentes de información de distinto tipo y casos reales, necesita chequear su veracidad. Un recurso que siempre ayuda es referenciar a personajes de renombre que, de alguna forma, puedan ayudarlo a graficar sus ideas. Otra forma indirecta de utilizar la técnica de testimonios, es poner ejemplos en potenciales terceras personas acerca de aspectos que, sí o sí, tiene usted que mencionar, pero con los que puede despertar polémica. En este caso, puede utilizar frases como "Cierta vez un amigo empresario me confió que…"; "…hace poco tiempo encontré en Internet la historia de…", para darle contexto.

10. Haga crecer sus ideas: cada oportunidad como orador es una ocasión de dar un salto hacia algo mejor, que le permita hacer mejoras y ampliar sus ideas y conceptos. Anote y haga esquemas de estos aspectos. Lleve un registro de lo que sí y lo que no funcionó en sus presentaciones. Una técnica que puede ayudarlo para incorporar nuevos encuadres en sus discursos, es hacer un debate con sus compañeros de la empresa o sus amigos. Así podrá testear no sólo sus ideas y procedimientos, sino incorporar aspectos que quizás no se le habían ocurrido.

11. Prepárese para improvisar: sin necesidad que se convierta en un actor especialista en improvisaciones, es altamente frecuente que en alguna ocasión aparezca la ineludible necesidad de abordar un tema que no tenía preparado, o un aspecto diferente que no había considerado. Para muchas personas esto puede resultar altamente estresante y llevarlo al máximo de su adrenalina. Otro ejemplo es cuando algo falla en su puesta en escena, como un corte de luz, el proyector, la computadora, o el sonido. Oportunidad: ¡Utilícelo a favor! Hay un método sencillo y práctico para salir del paso.

En este punto en particular, preste atención: aquí revelamos cuatro de los más efectivos trucos de los oradores profesionales:

A. Relacione lo inesperado con alguna experiencia personal; haga un breve relato y utilice conectores para volver al curso de su alocución.

B. Tómese unos instantes para darse tiempo a reflexionar una respuesta. Puede decir: "Justamente hace un instante estaba pensando exactamente en eso; cómo resultaría el desempeño del equipo de ventas si el mercado internacional entrara en otra crisis. Y lo que es mejor: cómo podemos transformar esa crisis en algo positivo para nuestra compañía". Tenga preparadas unas cinco de estas frases, en las que incluya la pregunta o el disparador que le dio el público. A continuación, ensaye una respuesta.

C. Ante hechos evidentes, como un corte de energía eléctrica o del sonido, puede hacer alguna referencia clara y concreta sobre lo que acontece, bajar de su escenario, e invitar al público a continuar con la presentación en un contacto más directo, entre la gente. Incluso puede tener preparado un ejercicio o alguna actividad que pueda realizarse cuando algo falla, mientras se busca una solución.

D. Dilate la respuesta ante una pregunta inesperada, que implicará que deba ensayar mejor una respuesta apropiada. Para hacerlo, puede buscar la complicidad de alguien del público. Desde el primer minuto en escena usted sabrá que hay personas que lo siguen con verdadero interés. Apóyese en estas personas y pídales directamente su ayuda: "Graciela: quiero pedir su ayuda por favor. Avíseme dentro de cinco minutos así vuelvo sobre el tema que acaba de mencionar Marcelo; así puedo seguir con la idea que venía desarrollando". En cinco minutos, lo más probable es que ya tenga la respuesta; o que pueda colocarla dentro de su discurso, naturalmente.

Volvemos a los puntos principales:

12. Cuide los tiempos y el espacio: debe conocer de antemano el tiempo acordado para su discurso; el tamaño del lugar, la acústica, los elementos tecnológicos y visuales de que dispone; la cantidad de público; los horarios y la programación del acto. En caso de compartir ponencias, es fundamental saber quiénes serán sus compañeros en escena y qué temas abordarán. Esto le permitirá preparar mejor su disertación. Es fundamental que haga saber al público la estructura de su presentación, incluyendo instrucciones de seguridad -como salidas de emergencia-, operativas -como sanitarios o que apaguen los teléfonos celulares-, y si habrá algún intervalo -lo cual es altamente recomendable cada una hora y cuarto, aproximadamente-.

13. Conozca el entorno donde estará: Este es un aspecto clave para sentirse a gusto y bajar en gran medida el nivel de estrés que pueda sentir en la instancia de ser orador. En la profesión, como en la vida, es necesario habituarnos a los espacios y lugares, conocer a la gente y familiarizarnos con muchos detalles que ayudarán a sentirnos más confortables.

14. Tome tiempo para saber quiénes vienen a verlo: una buena forma de romper del hielo con parte de su público, y, a la vez, atravesar sus miedos, es dedicar unos minutos a saludar a la gente que va llegando. Puede hacerlo cerca de la puerta de acceso; o bien, presentándose espontáneamente caminando entre las sillas cuando ya se hayan sentado. También, si decide entrar caminando atravesando el salón de punta a punta, por entre el público, puede hacerlo estableciendo contacto visual y una primera instancia de rapport con su público. Recuerde que es más sencillo hablar para un grupo de conocidos, que para gente que no ha visto en su vida. Use estos recursos, sí y sólo si se siente seguro y tranquilo.

Por el contrario, si no está completamente diestro en ello, lo recomendable es que permanezca en un lugar apartado, detrás del escenario, creándose un ambiente tranquilo y confortable. Puede hacer una breve visualización de usted presentando su tema con todo éxito; y también cerrar los ojos y respirar profundamente unas diez veces, dejando salir cualquier tensión que pueda sentir.

15. Póngase al público a su bolsillo, con la dinámica y el lenguaje apropiado: tan importante como su mensaje, es usar el lenguaje adecuado a su público. Este puede ser técnico, científico, simple, etcétera. La elección está determinada por el tipo de su auditorio. Lo importante es no caer en demasiada sofisticación ni rebusques a la hora de dar un discurso. Cuando más sencillo, llano, concreto y tangible, mucho mejor.

16. No se disculpe al comenzar el discurso: suele suceder que la inseguridad y los nervios se transmiten claramente al público. Si es de los que sienten mariposas en el estómago, le transpiran las manos, sufre de temblores temporales, o cierta aceleración del ritmo cardíaco, ¡no se preocupe! ¡ocúpese! Es completamente normal. Son manifestaciones que irán disminuyendo con el correr de las prácticas. No es necesario que se disculpe o haga saber abiertamente lo que siente: sólo logrará ponerse más nervioso y que el público no le preste la suficiente atención. La clave es apoyarse en sus fortalezas, no en sus debilidades. Después de todo, presuponen que usted es un experto en su materia, o el vocero al que han designado para hacer un anuncio de importancia; por lo tanto, confían en usted, y se transformará en su punto de referencia.

17. Sea realista en los ejemplos: mientras se va entrenando como orador, es recomendable que utilice ejemplos con los que se sienta cómodo. No exagere ni sobreactúe. Asimismo, si bien es recomendable mantener un tono cordial, cálido y llevadero si el tema lo permite, tenga cuidado en el uso que hace de las salidas con humor, y, mucho menos, expresiones que puedan tener doble sentido y quedar fuera de contexto.

18. Sea espontáneo; no memorice su discurso: en tanto sea factible y se encuentre a gusto, es preferible que se apoye en sus dones naturales y su espontaneidad a la hora de salir a escena como orador. La recomendación es que no intente aprender el discurso de memoria. Es muy probable que le resulte contraproducente, ya que podría olvidarlo, o, sencillamente, quedarse paralizado antes de afrontar al público pensando en lo que tiene que decir.

Más recursos que utilizamos los profesionales que pueden ayudarlo en este proceso:

A. Arme un cuadro sinóptico sencillo y claro en unas tarjetas blancas, con su propia letra, a modo de breve resumen.

B. En sus ayudas memorias utilice sólo palabras claves. Las palabras claves son aquellas sin las cuales las ideas de su discurso carecerán de sentido.

C. Puede anotar alguna frase especial que quiera decir en forma textual; incluso, en este caso, puede tomarla en sus manos y leerla; o bien, colocarla en un proyector.

D. Trate de no hacer discursos leídos: dan señales de inseguridad. Si no tiene otra alternativa, escríbalos con tipografía clara, suficientemente grande como para leer sin problemas. En caso de disponer de recursos tecnológicos, puede colocar en algún lugar discreto del escenario, y jamás a la vista del auditorio, un monitor o televisor con pantalla grande, donde un asistente irá acompañando su discurso con el texto sintetizado. En discursos televisivos, esto se utiliza cotidianamente y se conoce como "teleprompter"; es el mismo sistema, pero colocado por sobre la lente de la cámara, por lo cual se pueden decir grandes cantidades de texto prácticamente sin que se perciba que se los lee.

E. Si usa una presentación audiovisual de apoyo, no la lea. Ésta debe contener exclusivamente una síntesis conceptual, que será un apoyo para su discurso, pero no debe reemplazarlo. Por otro lado, si pone por escrito en pantalla mucha información, distraerá al público.

F. Algunos grandes oradores cuando hablan frente a multitudes o tienen que dar varios discursos el mismo día, utilizan un sistema parecido al de los presentadores de televisión, con un aparato que va disimulado en una de sus orejas, llamado en Argentina 'cucaracha', por tener una forma parecida a ese insecto. En este caso, hay un apuntador que acompaña con conceptos o palabras clave como guía para el orador.

Retomamos con los últimos puntos para convertirse en un orador efectivo:

19. Sea amable con el público: para que su mensaje llegue eficazmente, y sus ideas cobren sentido, no es necesario imponerse frente al público. Los buenos oradores logran transmitir la sensación de que el poder lo tiene el público; que la decisión es de ellos, y que no fueron persuadidos por su mensaje. Por lo tanto, a ninguno de nosotros nos gusta que nos impongan ideas, aunque sí estaremos gustosos de considerar nuevas ideas y puntos de vista, si el orador rompe el hielo y crea los puentes de comunicación necesarios. Algunas personas con rasgos de personalidad autoritarios, o bien, por excesiva inseguridad, tienden a confundir este aspecto esencial, el de la amabilidad con el público, y se enfocan en un discurso contundente y determinante. Lo cual no está mal si no habrá oportunidad de interacción. Es lo que llamamos un "discurso cerrado", donde empieza y termina cuando el orador quiere; y no hay chances de retro alimentación formal.

20. Sea agradecido con su público, pero sin dar las gracias: dependiendo de los casos, algunos oradores suelen tomar unos segundos iniciales o finales para agradecer al público. En verdad, si usted está compartiendo su experiencia profesional o cualquier otro tema por el que el público ha concurrido, es la gente la que debería sentirse agradecida por su exposición. Es diferente el caso cuando es invitado por una organización, por lo cual las reglas de cortesía indican decir "muchas gracias" al comienzo de su alocución.

21. Emocione: lo que la gente quiere, además de información, es participar de una experiencia que pueda producir algún cambio en positivo con relación a su disertación. Es decir, que lo que usted diga y haga puedan aplicarlo de alguna forma concreta y pueda ser de utilidad. Por otro lado, como orador, ese debería ser también su objetivo central: que lo que dice sirva para algo, no simplemente como una secuencia de palabras lindas.

22. Prepare un final inolvidable: todo lo que dijo es importante; pero más importante aún es el final de su presentación. Su forma y fondo son prácticamente todo. Repase brevemente los principales aspectos de lo que dijo, y, desde allí, construya visiones de futuro, visiones que puedan ser compartidas y puestas en común si hubo interacción con el público. Técnicamente, asegúrese de tener lista una música y una imagen para el final, y que las luces vuelvan a sus niveles normales. Si está detrás de un estrado, desplácese hacia el centro de la escena, y, simplemente, mire a su público. Si lo aplauden, usted también puede acompañar con un aplauso dirigido a ellos.

15 formas de vencer el miedo al hablar en público

Para muchas personas uno de los desafíos más recurrentes a la hora de pararse frente a un pequeño grupo o un gran auditorio, es el miedo de hablar en público. Si bien es una situación que suele ser algo estresante hasta para comunicadores y oradores experimentados, es posible entrenarse, aprender y desarrollar esta habilidad que traerá muchos beneficios inmediatos, entre otros: la posibilidad de transmitir más claramente las ideas y conceptos, establecer nuevas redes de contactos, compartir nuestro tema con solvencia y fluidez, y, sobre todo, vivir la presentación como una instancia de crecimiento personal y profesional.

Si adoptas y desarrollas paso a paso estas 15 formas de vencer el miedo al hablar en público y, sobre todo, los pones en acción, muy pronto podrás sentirte con serenidad al afrontar tu próxima salida a escena:

1. Vístete bien y camina decidido hacia el frente. Como dijimos anteriormente, es bien sabido que no hay dos oportunidades para causar una primera buena impresión; por lo que utilizar la vestimenta apropiada al evento o público al que vamos a dirigirnos, es una gran clave que ayuda a "romper el hielo". El caminar decidido sobre el espacio que disponemos, también es determinante de la empatía que deseamos lograr en los primeros dos o tres minutos, que son el escaso tiempo en el que tu auditorio se formará una opinión acerca de ti.

2. Comienza con una sonrisa y dirige tu mirada a varias personas, nunca a una sola, ni al fondo o infinito, o al micrófono. Sonreír es quizás la llave más importante para entrar en el mundo del otro. No cuesta nada y abre prácticamente todas las puertas que puedas imaginar. Saluda, agradece, e introduce brevemente el tema. Mira a los ojos, que es otro potente llamador de atención para establecer rapport con tu público. Detecta dos o tres personas que te ayudarán con su mirada mientras vas exponiendo. Estas 'anclas' pueden convertirse en tu salvavidas en momentos en que te pierdas, o necesites recobrar tu autoconfianza.

3. No distraigas al auditorio con algún detalle de atuendo, o al jugar con algún objeto. La vestimenta sobria y neutra es lo más indicado. En las damas, por ejemplo, el exceso de brillo o alhajas distrae y, además, suele producir ruido con los micrófonos.

4. No diga absolutamente todo lo que se sabe, para permitir al público hacer preguntas y participar. Prepara la presentación por lo menos 15 días antes. Establece un inicio, nudo y conclusión; y pequeñas unidades de sentido entre un tramo y otro. Recapitula (haz un balance breve) antes de seguir al siguiente punto. Esto es determinante de tu éxito.

5. No trates de aprender de memoria el discurso, porque si se olvida de algo te pondrás nervioso y será difícil continuar. Aprende solo el esquema de su discurso; ya que, si dejas fuera una idea o concepto, nadie más que usted lo notará. Una tendencia de quien no prepara las presentaciones en público es a abrumar con la cantidad de información que se expone. La sugerencia es: no más 5 ideas centrales y fundamentales; si fuesen 3, mucho mejor. Evita los PowerPoint excesivamente escritos; y, mucho menos, leerlos mientras expones. Deben ser material de apoyo, pero no te reemplazan frente al público. Por ejemplo, utiliza siempre lo visual (proyecciones, pizarras, apuntes que distribuyas entre los participantes), lo auditivo (linda música, videos atractivos con hermosas canciones y mensajes; tus propios tonos de voz -llamados técnicamente 'matices'-) y lo kinestésico (es decir, lo corporal, los gestos, las emociones, y lo que despiertas casi sin darte cuenta; como cuando vas creando climas durante tu presentación).

6. Nunca lea el discurso completo frente al público. Esto se percibe como una falta de seguridad. Lo que sí es recomendable es que tengas a mano una guía, que puede estar en un documento sencillo, donde apuntes sólo lo esencial y en la secuencia en que debas exponerlo. Si por algún motivo debes leer sí o sí, toma algunos momentos para mirar al público e intercala pequeñas improvisaciones. Esto le da mayor verosimilitud a lo que expongas.

7. Piense en ideas, no en palabras.

8. Evite muletillas. Para esto hay que ejercitarse: utiliza frases puente (por ejemplo: "es interesante lo que usted consulta", "sin embargo, me gustaría puntualizar que…") ya que te darán tiempo para procesar la mejor respuesta en tiempo récord, y hará más fluida tu intervención.

9. No te preocupes por tus nervios, utilízalos para exponer con más seguridad. Si preparas tu discurso, te sentirán confiado porque dominas el tema. Por ejemplo, arrancar diciendo "Disculpen, pero estoy muy nervioso…" te hará retroceder 10 casilleros en este juego que es la oratoria. En cambio, muéstrate seguro, bien parado y anclado en lo posible en el centro del espacio de que dispones (si es que no te sientes seguro para desplazarte). Siempre recomendamos la opción de estar de pie, en vez de sentados, al exponer. Te permitirá "leer" mejor a todo el auditorio.

10. Ten seguridad y confianza en lo que dices. Este punto es clave, porque si las personas detectan un punto de inseguridad en tu voz; si ven que estás traspirando, o que tomas agua con demasiada frecuencia, ese mismo nerviosismo se trasladará a tu platea, y será como un boomerang para ti.

11. No hables demasiado, sé breve. Como planteamos anteriormente, un error frecuente de los oradores poco experimentados es pensar que, por decir las cosas con mayor extensión, o poner ejemplos muy rebuscados, se transmite una sensación de supuesto dominio del tema. Todo lo contrario: el que sabe de lo que habla, no necesita dar muchas vueltas. Va directo y al grano. Por eso, si preparas tu discurso (como también recomendamos anteriormente), es necesario que lo ensayes al menos tres veces antes de exponer. Y de la versión inicial, se sugiere que vayas quitando toda la información innecesaria y que no haga a la esencia del tema.

12. Busca un título atractivo: el motivo del encuentro puede ser espectacular; tu charla, una de las más convocantes y esperadas. Aunque si el título de la exposición es más de lo mismo, ya tienes puntos en contra. Utiliza tu creatividad e innovación para titular en forma atractiva. Piensa que es una película o un libro, que deseas que impacte en una gran cantidad de gente. Capta su atención desde el primer minuto, y los tendrás todo el tiempo contigo.

13. Aprende a abrir espacios de preguntas y respuestas. Toda participación del público es bienvenida, siempre que no te saque el eje, y luego no sepas como volver. Hay muchas técnicas para tomar preguntas: desde pedirles que las preparen por escrito y se responderán al final de cada bloque; hasta anunciar desde el comienzo que al final tendrás un espacio para el intercambio. Si interrumpes tu presentación con frecuencia, se pierde el hilo de lo que dices, y la gente se aburre, porque no todos estarán interesados en lo que se consulta. Sin embargo, puedes impulsar preguntas retóricas (esas que se responden con un "si" o "no") para motivar la participación del público.

14. Utiliza un lenguaje coloquial, directo y afirmativo. Cuanto más simple, mejor. Si visitas otro país, lee los periódicos del día y asesórate de la contingencia del momento: siempre habrá un espacio para intercalar algo de actualidad, por más duro que sea tu tema.

15. Usa un estilo inclusivo para que el público se sienta partícipe. Utiliza el lenguaje del público. Por eso, una de las primeras máximas es: conoce a tu público. Debes saber de antemano su edad y cantidad aproximada. ¿Están con otras charlas antes o después de ti? ¿Ya tienen experiencia en el tema que expondrás? ¿Hay algún aspecto especial que puedes averiguar con los organizadores? ¿Ha ocurrido algo en la sala de conferencias durante el día, que debas saber? Todo esto es fundamental a la hora de abordar tu presentación, y, sobre todo, disfrutarla de principio a fin.

Aquí compartimos esta frase de Churchill sobre cómo preparaba sus discursos. Confía en ti: es la mejor clave para convertirte, paso a paso y mediante la práctica continua, en un orador altamente efectivo.

— 0 —

"Si tengo que dirigir un discurso de dos horas, empleo diez minutos en su preparación. Si se trata de un discurso de diez minutos, entonces me lleva dos horas".
Winston Churchill.

CAPÍTULO 4

SÉ FELIZ EN EL TRABAJO

EMPRESAS CON ALMA

5 pasos para humanizar los negocios, para un mayor bienestar y felicidad

En este mundo global y a veces convulsionado, la flexibilidad es lo que se impone como regla para poder mantenernos enfocados en la productividad de las organizaciones. Sin embargo, muchos gobiernos -incluyendo los gobernantes de las empresas, con sus diferentes nombres y roles: COO, CFO, CIO, Gerente General, Jefes, etcétera- a veces se sienten perdidos en la gran maraña que entrañan hoy las relaciones humanas, además de la complejidad de la propia actividad.

Además de asegurar y sostener en el tiempo la práctica de la sustentabilidad en sus operaciones como una forma de mantener en marcha las cosas, se van perdiendo algunas prácticas que sería conveniente recuperar en todos los niveles, tendientes a la humanización de los negocios. Y, en un sentido más amplio, es lo deseable en todas las relaciones humanas.

El mundo de los negocios y de las empresas, de las organizaciones sin fines de lucro y de los gobiernos se trata de relaciones. Todos somos seres humanos, y vivimos nuestras pequeñas batallas cotidianas. Si aprendemos a gestionarlas convenientemente, podemos lograr atravesarlas no sólo con éxito, sino con bienestar propio y para nuestros equipos, y con felicidad interna, esa que nace de las entrañas.

Estos cinco pasos podrán ayudarte a revisar cómo estás moviéndote hoy y aquí. Te invitamos a probarlos, a adaptarlos a tu filosofía organizacional y de vida -en tu familia, con amigos, con tus vecinos-. No es una fórmula, pero sí la base para que puedas convivir en equilibrio y mantenerte entero más allá de los problemas y las crisis.

1. Escucha: estamos acostumbrados a decir nuestra parte. Somos como autómatas repitiendo lo que creemos que es justo. Los que tienen mayor poder de decisión consideran que están en un nivel tal, que, si se detienen a escuchar en demasía a su gente y a su entorno, se perderán de valiosas oportunidades. La prisa es lo que los lleva a proceder de esta forma. Escuchar significa conectarse desde dentro. No es simplemente fingir que escuchamos al otro, sino que necesitamos recobrar la mirada sincera hacia el otro, reconocerlo como ser humano viviendo su propia experiencia. Conectar, en definitiva, con el alma y el corazón, para desde allí producir las transformaciones o dar nuestro punto de vista.

2. Observa: este paso es clave, ya que es muy distinto al mirar y ver. Observar nos coloca en una posición de aproximación atenta para no perder detalle de lo que pasa frente y alrededor nuestro; nos permite ir más allá y proyectar el impacto que tiene cada decisión que tomemos. Al observar, abrimos un espacio de perspectiva, para ver más allá del árbol desde el que muchos seres humanos acostumbran a conectarse y comunicarse. La famosa cita "ver más allá del árbol nos permite observar el bosque" es lo que resume esta instancia. Elévate por sobre las situaciones, dales la vuelta, toma tiempo para recorrer perspectivas. Y si es posible, hazlo acompañado: el camino es más entretenido, vital y se transforma en una aventura compartida de crecimiento y descubrimiento.

3. Acciona cuidando tu actitud: quedó atrás el tiempo de la polarización de la actitud positiva y negativa. ¿Recuerdas que dijimos que se necesitan al menos 33 pensamientos positivos para intentar neutralizar sólo 1 pensamiento negativo? Entonces, colócate en situaciones difíciles asumiendo una actitud neutral. Toma vuelo para no participar activamente en las discusiones: más bien escucha, contempla y desde allí, una vez que tengas toda la información, puedes iniciar la acción. La actitud neutral es esencial para encontrar el equilibrio vital que te permite cargar energía para salir de las situaciones más complicadas de la vida, incluso en el mundo del trabajo. No es una actitud pasiva. Es como la PAZ: es un proceso activo dentro de cada uno. Y necesitamos reafirmarlo a cada momento para no desviarnos ni distraernos.

4. Sigue el Propósito: el propósito es el punto de encuentro entre lo que haces, lo que eres bueno, por lo que te pagan y lo que te hace feliz. Entonces, cuando te encuentras en ese corazón de sentido de la vida, aparece espontáneamente la información y la experiencia que necesitas que sea revelada para mantenerte enfocado. Un ejemplo práctico: más del 80% de las empresas tienen problemas de comunicación interna en todos los niveles. ¿Por qué? Porque no está claramente explícito el propósito de cada decisión que deben tomar. Esto incluye la delegación de tareas. Ahora que tienes la herramienta a mano (explicar claramente el propósito de cada cosa a lograr) ya sabes cómo puedes ser más asertivo.

5. Silénciate: finalmente, no hace falta ponerles tantas palabras a las cosas. Llámate a silencio si no hay nada muy relevante que comentar ni comunicar. Deja de llenar el tiempo con contenido vacío, informes sin sentido. Simplifica los procesos al mínimo: ganarás en efectividad. No tires combustible en las discusiones: si alguien gana, significa que alguien pierde. El ganar = ganar tan célebre es posible de lograr, si dejamos de lado una cuota de orgullo propia de los individuos, para pasar a otra instancia colaborativa, que es, definitivamente, mucho más profunda, duradera y enriquecedora.

10 claves para mantenerte motivado en el trabajo

El 1° de mayo es la fecha en que los que tenemos el privilegio y la dicha de contar con trabajo, celebramos nuestro día, instituido a nivel internacional para destacar la entrega de quienes, mediante nuestro oficio, profesión y desempeño, formamos parte del engranaje que impulsa la actividad de prácticamente todos los sectores.

Según recoge Wikipedia, los hechos que dieron lugar a esta celebración están contextualizados en los albores de la revolución industrial en los Estados Unidos. A fines del siglo XIX Chicago era la segunda ciudad en número de habitantes de EE.UU. del oeste y del sudeste llegaban cada año por ferrocarril miles de ganaderos desocupados, creando las primeras villas humildes que albergarían a cientos de miles de trabajadores. Además, estos centros urbanos acogieron a emigrantes venidos de todo el mundo a lo largo del siglo XIX. Una de las reivindicaciones básicas de los trabajadores, era la jornada de 8 horas. El hacer valer la máxima «ocho horas para el trabajo, ocho horas para el sueño y ocho horas para la casa». Y fue un 1° de mayo de 1886 en que se sancionó dicha normativa, que fue adoptada por muchos países.

Independientemente del área en que te desempeñas, y de las condiciones que en muchos casos pueden ser precarias; o de si estás recién iniciando tu camino en el mundo laboral, o quisieras retomarlo o hacer un giro, compartimos 10 consejos que pueden servir para mantenerte motivado, entusiasmado y transformar cualquier situación actual en algo mejor y más positivo, para ti, tus compañeros, tu comunidad y la organización en la que prestas servicios:

1. Agradece por tener trabajo: si bien es uno de los principales Derechos Humanos a los que todos debiéramos acceder (y esto no es así, incluyendo altísimas cifras de trabajo infantil), es importante dar gracias por poder levantarnos, desarrollar una tarea y mantenernos activos.

2. El movimiento trae nuevas oportunidades: quienes hemos estado sin trabajo, sabemos que es más sencillo detectar y obtener nuevas propuestas estando en actividad, que desocupados. Por lo tanto, este es otro de los aspectos importantes por los cuáles estar agradecidos.

3. Pon tu toque personal: puede ser que la organización en la que trabajas no se caracterice por tener una buena política con sus colaboradores; independientemente de ello, lo fundamental es no perder el entusiasmo y, aunque sea en mínimos detalles, agregar tu toque personal. Por ejemplo, crear un entorno agradable dentro del espacio asignado; mantenerlo aseado; con fotos que te representen cariño y apoyo; mensajes optimistas; lindos fondos de pantalla en el computador y lo más confortable que sea posible, son parte de sentirte mejor.

4. Permanece atento: en las organizaciones, por más grandes que sean, siempre aparecen oportunidades. La información circulante, que a veces llega por canales informales, puede ayudarte a postularte para una mejora de posición y, consecuentemente, incorporar nuevas habilidades.

5. Detecta tus fortalezas: plantéate tu propio plan de carrera, más allá de si la empresa lo tiene conformado oficialmente, o no. Esto significa que, por fuera de las circunstancias que te rodeen, puedes en forma personal e indelegable conectar con tus dones, habilidades y potencial, para ir desarrollando, aprovechando y desempeñando activamente pequeños pasos de gigante, que te irán conduciendo a un siguiente nivel de experiencia. Y, por lo general, tu trabajo (bien hecho, consistente y útil) será valorado, no necesariamente desde lo económico; aunque las mejoras no tardarán en llegar.

6. Anticípate a los hechos: si sabes que se viene una crisis, puedes proponer salidas alternativas; autogestionar tu trabajo de forma tal de poder colaborar con otra área que está tapada de actividades, y, de paso, vas aprendiendo algo nuevo que podrás sumar a tu currículum.

7. Mira los anuncios de empleo: redes como LinkedIn, y los anuncios en periódicos locales, te ayudarán a mantener el radar enfocado, y te brindarán mucha información sobre lo que tu mercado está necesitando. Si bien quizás no quieras moverte de empleo por los motivos que sean, tener este panorama amplio permite que vayas ajustando tu desempeño de acuerdo a cómo se desenvuelve tu sector. Así, se transformará en valor agregado como trabajador.

8. Busca profesionalizarte: si hace muchos años que desempeñas las mismas tareas, es natural que estés un poco aburrido y anhelando un cambio. La buena noticia es que el cambio comienza internamente, no desde afuera. Por eso aprovecha todas las oportunidades de tomar cursos, seminarios, capacitaciones y todo tipo de aproximaciones a nuevos conocimientos.

En muchísimos lugares hay decenas de opciones gratuitas. Sólo hace falta salir de tu zona cómoda y moverte, destinándote un tiempo para mejorar continuamente.

9. Si buscas un cambio: determina dónde, cómo y en qué te gustaría desempeñarte. Busca referencias; consulta; indaga en Internet; actualiza tu Currículum; prepara un videocurrículum y haz simulacros de entrevistas laborales para lograr mayor seguridad al momento en que te toque. Incluso puedes ir compilando referencias de terceras personas acerca de tu desempeño.

10. Mejora día a día: suscríbete a newsletters de tu actividad actual (o de la nueva a la que planeas dedicarte); organiza de forma profesional tu presencia en redes sociales -puedes mantener una para temas familiares y amistades, y otra específica para lo laboral si fuese el caso-; crea espacios de intercambio con personas del mismo sector y establece un protocolo de información sobre los puestos que para ti serían los que anhelas y sueñas. De esta manera ya empiezas a crearlos.

Finalmente, recuerda que trabajamos por muchos motivos; entre ellos asegurarnos un sustento para vivir, aunque, mucho más importante: sentirnos útiles, servir, aportar desde lo que sabemos hacer; enseñar; compartir; sembrar una conciencia productiva y del propio valor; desarrollar nuestra autoconfianza y estima. Por lo que sólo queda salir del espacio conocido y, siempre y una vez más, mantenernos en movimiento, con involucramiento y acción haca el resultado deseado.

5 motivos para amar los lunes en el trabajo

Llega el domingo y las redes sociales de millones de personas se inundan con mensajes "antilunes". Parece que la autoprofecía se cumple, porque de tanto desearlo, es altamente probable que generen un primer día laboral para la mayoría cargado de tensión o lo que es peor: de falta de entusiasmo.

Aquí van cinco claves que convertirán tus lunes en uno de los más enriquecedores y entretenidos días de la semana… ¡en tu trabajo!

1. Aprovecha para planificar: si bien muchas compañías y profesionales eligen hacer la planificación los viernes, la primera hora de trabajo del lunes es uno de los mejores momentos para tomar las cosas en su verdadera dimensión y realizar el planning de la semana y los lineamientos de las siguientes. ¿Por qué? Porque recibiremos valiosa información interna desde que comenzamos a predisponernos internamente para encarar el nuevo periodo, si así lo disponemos. Toma tu agenda, tu computador o tableta; toma notas; haz listas y recordatorios y establece las prioridades. De allí surgirá en gran parte el impulso para convertir tu lunes en un mejor lunes cada vez.

2. Trae ideas: el fin de semana, mientras te relajas y conectas con tus afectos, deportes, salidas y descanso, podrás probar qué tal sabe eso de soltar las preocupaciones de la semana. Y mientras lo haces, liberas espacio en el disco rígido interno para que entre lo nuevo. Por eso son momentos especiales donde las grandes ideas surgirán casi como por arte de magia. Descubrirás tu enorme potencial creativo e incluso, le encontrarás la vuelta a ese problema que quedó sin resolver desde días pasados. El soltar el control y dejar fluir la energía sin tanta prisa es uno de los estados de relajación más apropiados para que afloren los pensamientos y el poder para aplicarlo el lunes, con nueva energía.

3. Comparte lo positivo con tus compañeros: generalmente hay un tiempo de conversación distendida al iniciar la semana. Aprovéchalo enfocándote en aspectos positivos de tu fin de semana y siembra las semillas creativas de la semana. Antes de entrar en la prisa cotidiana que muchas veces impone el trabajo, despierta dentro tuyo la habilidad para pedir ayuda, compartir experiencias e ideas que podrán experimentar en los siguientes días. Este intercambio potencia a todos los involucrados, permite cargar las pilas y retroalimentarse (de eso se trata el "feedback").

4. Sólo por hoy: tomando esta máxima de prestigiosas organizaciones de autoayuda a nivel mundial, contempla para ti cuáles son esas dos o tres acciones inmediatas que harán que tu nivel de sobrecarga de trabajo sea más liviana. Y plantéatelo "sólo por hoy", actuando aquí y ahora para encaminarlas de una vez por todas. Quizás no puedas resolverlas completas, pero sí dar un paso firme hacia lograrlo. Ya es un gran avance. El resultado inmediato será que, en vez de estar sumido en la queja por sentirte sobrecargado y pesado, estarás más liviano y con mayor energía disponible porque has soltado una parte de esa energía estancada al haber hecho que ese problema permanezca dentro de ti. Y al ponerlo en movimiento, hay un defecto de destrabar hasta lo más complejo que te ayudará a vivir los lunes con mayor fluidez.

5. Programa las reuniones desde el lunes al mediodía en adelante y evita los viernes. Es decir, el comienzo y final de la semana quizás puedas guardarlos para organizar tu actividad de la mejor forma posible. La sobrecarga de reuniones un lunes a la mañana trae como resultado un inquietante estado interno de desazón y hasta de desconexión con lo que debe hacerse, sobre todo cuando muchas veces las reuniones no son tan organizadas o productivas como desearíamos. Así que, si tienes la opción, programa reuniones cortas, con temas puntuales y preparados de antemano; con horarios fijos de comienzo y finalización; móviles silenciados o apagados y sin interrupciones: el mayor enfoque trae un mejor resultado.

Esperamos que estos tips sean de utilidad para crear el mejor de los lunes y que, de ahora en más, puedas vivirlos con tanta energía como la que expresas los viernes ante el inminente fin de semana.

21 pequeñas acciones para estar de mejor ánimo cada día

Para reforzar nuestro ánimo cada día y poder elegir la mejor actitud para afrontar las dificultades que siempre van a suceder podemos aplicar algunas de estas herramientas, que, si las sostienes en el tiempo y las conviertes en parte de tu rutina, harán una gran diferencia en menos de un mes.

1. Al despertar cada día, pon una palabra positiva que será tu guía.
2. Modera el consumo de malas noticias a través de los medios de comunicación.
3. Escucha música alegre y agradable.
4. Prepara la ropa, y tenla lista al despertarte.
5. Incorpora una frase positiva en el espejo que miras al levantarte.
6. Di "muchas gracias" y "buenos días / buenas tardes" al menos treinta veces por día.
7. Camina al menos diez cuadras a la mañana y otras diez al atardecer a un buen ritmo. No es necesario que corras.
8. Respira profundamente tres veces, contén el aire y suéltalo en tres tiempos, una vez por hora. Ese ejercicio es de respiración consciente.
9. Mastica tus alimentos al menos veinte veces por bocado cada vez que comas.
10. Descarta o reduce el consumo de café; y sería muy saludable dejar el cigarrillo y el alcohol en todas sus formas. También las bebidas colas.

11. Busca un pequeño libro que te inspire y lee fragmentos cada vez que puedas en el día (en el transporte público, en el sanitario, en un descanso).
12. Deja de mirar televisión al llegar a casa y antes de dormir.
13. Dúchate lo mejor que puedas, especialmente si has tenido un día muy cargado.
14. Cambia de camino para moverte en tus circuitos cotidianos: reemplázalos por rutas nuevas.
15. Escribe tus pensamientos positivos y consérvalos en una libreta especial.
16. Escribe tus pensamientos negativos, y quémalos o rómpelos en pequeños pedacitos, y arrójalos al inodoro/wáter.
17. Prepara con tus manos todo o parte de al menos una de las comidas centrales de tu día.
18. Recupera el hábito del desayuno: puedes dejarlo desde la noche anterior.
19. Reemplaza los dulces o tentaciones durante el día, por frutas de las que más te gusten.
20. Cambia de colores en tu vestimenta: combínala de manera especial cada día, dentro de lo que ya tienes disponible.
21. Antes de cerrar los ojos pon una intención positiva para esa noche y un agradecimiento por al menos 3 cosas que viviste en esa jornada que ya finaliza. Luego, entrégate al descanso.

La clave está en hacerlo sostenidamente durante veintiún días, y observa el resultado. Puedes invitar a un amigo o amiga especial, o alguien de tu familia, a que se acompañen en este proceso y sean sus apoyos para ir compartiendo los avances. Ayuda y déjate ayudar. Te sorprenderás si lo haces a consciencia.

— 0 —

"El arte de vivir no consiste en preservar y aferrarse a un modo particular de felicidad, sino en permitir que la felicidad cambie su forma sin sentirse decepcionado por el cambio, pues a la felicidad, como a un chico, hay que dejarla que crezca".

Charles Morgan

CAPÍTULO 5
ORGANIZA TU TIEMPO

7 claves para organizar mejor tu tiempo

Más de un tercio de nuestra vida laboral activa transcurre en el trabajo. De nuestra habilidad para adaptarnos a entornos cambiantes, ser flexibles y organizar mejor nuestro tiempo depende en buena parte que podamos ganar en calidad de vida, creatividad, innovación y en administrar la energía.

El equilibrio entre el tiempo personal y profesional es una de las materias pendientes en todo tipo de actividades. En momentos en que el mundo debate abiertamente sobre la felicidad organizacional y la posibilidad de establecer consenso de jornadas laborales de seis horas promedio, se impone un ajuste en las reglas de juego para conquistar mayor bienestar.

El manejo del tiempo depende directamente de la actitud interna y del entorno en el que nos movemos. Hay muchas teorías del mundo del management que alientan cierto "caos" que -en apariencia- parecía productivo y hasta adrenalínico en muchas culturas, sobre todo en Occidente. Sin embargo, la batalla por ganar más, conquistar espacios y sentirse realizado profesionalmente contrasta con el gran desgaste de personas menores de cuarenta años y el auge de distinto tipo de síndromes que trata la medicina y la ciencia, entre ellos el Bournout ("del quemado") y la fatiga crónica provocada por estrés sostenido en el tiempo; si bien justo es reconocer que en esta última manifestación aún no hay estudios concluyentes de la relación directa, pero sí coadyuvante, con el estrés laboral.

Con una agenda repleta de compromisos, hoy afrontamos una época de cambios vertiginosos. La irrupción y escalada sin parar de los recursos tecnológicos allanan muchos caminos y también condicionan la libertad, el tiempo personal, la independencia y el saludable espacio de desconexión del trabajo.

La organización del tiempo es una herramienta que provee alternativas para cada tipo de síntomas y manifestaciones en las empresas y todo tipo de profesiones. A mayor desorganización, mayor el volumen del caos, la decepción, la frustración y la sensación de "no llegar" a hacer todo lo que queremos o se espera de nosotros.

Aquí van siete claves sencillas y de aplicación inmediata para organizar mejor tus tareas, y así, tener más tiempo libre:

1. Lo más difícil va primero. ¿Cuántas veces postergaste una tarea compleja? Seguramente este es uno de los comportamientos recurrentes para la gran mayoría de las personas. Es que a ninguno nos gusta hacer las cosas que no nos producen placer: una llamada incómoda, una situación que requiere poner límites o simplemente, devolver un llamado de cortesía que no nos simpatiza demasiado. Cualquiera que sea el motivo, hazlo de inmediato. Esto te liberará de lo que podemos llamar "el efecto del mosquito" que, zumbando durante todo el día, te atormentará e irrumpirá insistentemente por no haberse completado. Escoge las dos o tres tareas complejas a primera hora del día, y hazlo de inmediato. Responde los correos; establece prioridades; delega y pon al día tu bandeja de papeles. Todo esto te ayudará a tener más energía disponible para el resto de la jornada.

2. Si demora menos de un minuto, hazlo de inmediato. Cualquier tarea que requiera hasta un minuto para hacerla -por sencilla que sea- contribuirá a que liberes muchos pendientes en un tiempo record. Al encarar esas pequeñas acciones concatenadas, descubrirás cuánto tiempo vas ganando para dedicárselo a temas más importantes.

3. Organiza la agenda. Si no sabes cómo establecer prioridades para vos, o para las demás personas a las que reportás, podés establecer un sistema compartido de elección de qué es urgente, que es necesario y qué puede esperar un poco. A cada acción es importante que le coloques fechas límite, los nombres de los responsables y –muy importante- el propósito mediante el que sabrás que la tarea se completó eficazmente. En entornos caóticos desde el punto de vista organizativo, podés encarar un proceso paulatino donde en cooperación con tus compañeros de tareas o colaboradores determinen juntos cómo organizarse. He ayudado a más de 300 empresas a mejorar su diagramación del tiempo, y han creado todo tipo de métodos: desde pizarras gigantes hasta notas autoadhesivas adheridas en los vidrios o tabiques, a la vista de todos; sistemas de recompensas por los avances o tareas completas, hasta recordatorios mediante la programación de mensajes de audio desde una sencilla aplicación en la central telefónica. Todo sirve siempre y cuando ayude a organizar y resolver mejor las cosas en menos tiempo

4. Limpia tu espacio de trabajo. Es esencial que todos tomen al menos una hora cada mes para limpiar y ordenar su escritorio y lugares de uso común. Entrénate para ir archivando papeles a medida que las cosas ya puedan pasar a esa forma de registro. Literalmente, necesitas hacer lo mismo que en tu hogar, cuando decides limpiar el placard: empieza por una sección (por ejemplo, los cajones) y terminarás poco después repasando la lista de temas para el día siguiente… ¡en un escritorio totalmente despejado! Todo lo que no has utilizado en los últimos tres meses ya puede enviarse al archivo. Utiliza folders o carpetas de distintos colores; etiquetas para escribir a mano e individualizar los contenidos del archivo; lleva un registro en el computador -con un backup sobre servidores o en un mail externo de respaldo- para tener al día y muy bien ubicado cualquier documento que podrías necesitar más adelante. Incorpora algo de verde en tu lugar de labores. Las plantas son excelentes oxigenando los ambientes. Colocá un par de fotografías de tu vida personal que quieras que te sirvan como anclaje positivo en medio de la velocidad del trabajo: serán un punto de referencia cuando pienses que estás perdiendo el sentido y propósito y te devolverán a la realidad de lo verdaderamente importante, además de hacer con excelencia nuestra labor.

5. Sólo reuniones efectivas. Más del 65% del tiempo que invierten las empresas del mundo en reuniones, son ineficientes. Esto significa que pierden muchísimo dinero mientras piensan que están haciendo "cosas" que, en la mayoría de los casos, no llevan a ningún resultado concreto. Las reuniones por lo general no deberían durar más allá de los 30 a 60 minutos, incluyendo un receso para café o responder el celular. A propósito: entrénate en hacer reuniones sin el celular presente; pueden dejarlo fuera de la sala, e incluso a cargo momentáneamente de otra persona sólo por si hubiese un llamado de suma urgencia. Respeten los horarios de comienzo y finalización. Distribuyan tres días antes un sumario de temas que se abordarán: esto permitirá que todos vengan preparados con la información suficiente, y no tener que apelar a la memoria o demoras innecesarias en pedirlas. Tomen un registro claro de la reunión y que sea valioso como ayuda para programar los siguientes pasos: debe contener las conclusiones, tareas, responsables, día y hora en que todo eso estará concluido o encaminado. Establezcan reglas de juego respecto a situaciones especiales. No se interrumpan entre ustedes y colóquense en la posición de ganar = ganar para obtener el máximo beneficio.

6. Atraviesa tus creencias limitantes. Si hay algún aspecto de tu perfil laboral que te produce dudas o cuestionamientos que en alguna forma pueden limitarte a ser más efectivo en el trabajo, trabaja sobre eso. Algunas personas consideran que ejercer una forma de control excesiva es natural para que los equipos "rindan". Sin embargo, si ejerces ese rol -muchas veces en forma inconsciente- o lo padeces, lo mejor será que trabajes sobre eso. Si estás colaborando en un equipo y hay algo que no te permite sacar el mayor provecho de la experiencia, justo allí tienes el siguiente escalón de aprendizaje en tu evolución. El trabajo necesita constituirse en un espacio de crecimiento idealmente para todos. Y, cada uno desde su lugar, independientemente de los recursos y las condiciones de tu ocupación actual, tiene su importancia en esa rueda productiva para hacer que las cosas salgan adelante. Esta consciencia de construcción colectiva es lo que puede ayudarte incluso a atravesar situaciones difíciles, cuando parece que todo ha perdido sentido. Por lo cual desde aquí alentamos a buscar lo mejor que hay en cada situación -incluso las más complicadas- y a desafiar tus creencias que, a veces de tan arraigadas que están, se convierten en paradigmas, que es ni más ni menos que tu forma de ver el mundo.

7. Aprende a delegar (y que te deleguen) en forma efectiva. Para concluir, es importante entrenarse en delegar en forma efectiva, y no sólo eficiente. Hay una gran diferencia: eficiencia es hacer lo que se espera de mí y allí termina la cosa. Eficacia es hacer lo que se espera de mí, poniendo mi 100% (que no es lo mismo que el 99%) y donde el resultado exitoso de mi labor me motiva e impulsa a seguir hacia adelante. Definitivamente, la eficacia es un rasgo mayor hacia la excelencia profesional. En el proceso del delegar: indica (o que te expresen) muy claramente el propósito de lo que debe hacerse; consigue toda la información necesaria; establece un plazo concreto; y, fundamental, un sistema de tracking para saber cómo va el avance unas cuantas veces antes de la fecha límite. De esta forma se podrán corregir situaciones que, tomadas a último momento, ya no tendrán cómo resolverse fácilmente.

Es muy probable que si las haces con persistencia durante al menos un mes seguido, te sorprenderás teniendo días que parece que rinden más que las 24 horas que tienen y vas a adquirir mucho tiempo disponible para descansar, recuperarte o encarar nuevos desafíos en paralelo a lo habitual.

La organización del tiempo es algo interno, y no necesariamente responde al estilo de una empresa o equipo. Claro que si las personas a las que reportas son muy desorganizadas quizás debas hacer un esfuerzo extra por lograrlo. Sin embargo, existen centenares de casos en que personas con entusiasmo, visión, motivación intrínseca y auto liderazgo han logrado cambiar en muy poco tiempo esas conductas que parecían ancladas en el pasado. Y desde allí, han convertido su trabajo en algo placentero y de gran aprendizaje, y por supuesto, una fuente de ingresos.

— 0 —

"Si adviertes que todas las cosas cambian, entonces nada habrá que quieras atesorar. Si no estás atemorizado de morir, no hay nada que no puedas alcanzar".

Lao-Tze

CAPÍTULO 6

VIVE EN PAZ Y SERENIDAD

Cómo mantenerme en paz en medio del caos

Hay un lugar, más allá de las creencias generalizadas, donde es posible estar en paz independientemente del revuelo exterior. Ese lugar es el Ser. El espacio más profundo dentro nuestro, donde no existe ni el pasado, ni el futuro: sólo el eterno presente.

En el acelerado ritmo de hoy en el que vivimos, es posible que, alentados por un sobre estímulo de las ciudades, el vértigo de las comunicaciones, la irrupción por lo general de "malas noticias" y de la volatilidad de muchos vínculos que, en el momento parecen duraderos, aunque pueden desaparecer en sólo segundos, quizás es bueno preguntarme: ¿cómo lograr mi paz pese a todo lo que ocurre alrededor?

La paz es un proceso activo. Dista mucho de estar sentado esperando que Dios (La Luz, el Ser Superior, la Conciencia Divina, Mi Abuelito que me acompaña, Mi Papá que me guía desde el cielo y cualquier otro acompañante que queramos tener en el camino) nos ilumine, nos marque el camino y nos diga, con voz profunda y resonante: "Es por aquí el camino".

Como relato, tiene sin dudas un gran valor. ¿Cuántos de nosotros lo hemos utilizado para contar una historia a alguien más chico o imaginado que hay alguien que, mágicamente, nos indica por dónde avanzar?

La Paz es un proceso activo

Sin embargo, esa voz somos nosotros mismos. La intuición, la introspección, el silencio, el "no juicio" hacia las situaciones que me desafían, conforman un articulado, como un gran damero de ajedrez, que llevará al resultado. Un resultado incierto, en verdad, aunque a la distancia veremos que es el más indicado en el proceso de crecer, aprender y avanzar.

A eso que llamamos paz podemos alimentarla y construirla exclusivamente desde adentro hacia fuera. Es poco probable que debamos estar todo el tiempo enganchados a lo externo para obtener estas experiencias. Son tan íntimas, personales y profundas, que hasta se dificulta expresarlas en palabras.

A veces aparece como una profunda respiración que llena nuestra capacidad al máximo; y nos hace ver todo con más claridad, con colores brillantes y en foco. Y en esa mirada, puede estar la respuesta que anhelamos.

Otras, se produce mediante la sintonía del Ser con el fluir natural de las cosas, sin forzarlas y entregándome (rindiéndome) a lo que se va presentando. El rendirse, una vez más, no es claudicar ni dejar de tener una actitud proactiva y positiva hasta los acontecimientos. Es, simplemente, recobrar esa sensación que tenemos -por ejemplo- cuando estamos cansados luego de un día agotador, llegamos a casa, y, simplemente, nos tiramos en la cama para dormir una siesta. ¿Puedes reconocer ese instante de calma y de absoluta conexión íntima con vos mismo?

Moviéndome hacia la paz

Las claves de movimiento, involucramiento y acción son también decisivas en lo que recibiremos en consecuencia: la paz.

Parece un contrasentido cuando muchas corrientes espirituales impulsan la quietud, el silencio y la sintonización incluso ayudados de estímulos externos, como puede ser un rico aroma, música suave, una lectura que nos enfoque en el momento presente y tantas otras formas de equilibrarnos. Y todo esto, también se hace verdad si para vos funciona.

El movimiento alude a que el desafío de esta experiencia espiritual mientras vivimos en el planeta, tiene que ver, exclusivamente, con cómo hacer lo que es nuestra misión; descubrirla, pulirla y desarrollarla tanto como quiera y pueda; y atraviese ese sendero en la calma que da la certeza y el silencio. El silencio interior.

Puede haber ruido alrededor -por ejemplo, cuando voy a una gran fiesta y la música tiene un volumen alto- y, sin embargo, estar centrado en mi paz. Y desde ese lugar de movimiento activo interno, proyectarla hacia mí y las demás personas.

¿Has visto la paz de una mascota cuando se te acerca para darte cariño sin pedir demasiado a cambio? ¿Has podido descubrir la paz observando detenidamente una puesta de sol? ¿Pudiste experimentar ciertas revelaciones o respuestas que buscabas de la forma más casual, por ejemplo, al escuchar sin querer una conversación de desconocidos que, justo, dijeron las frases apropiadas para tu momento de vida? Así funciona.

Quizás puedas experimentar que sólo podemos estar sintonizados en esa energía cuando limpiamos las barreras que me separan de mi propio Ser, de mi Yo Interno profundo, sabio y verdadero. Cuando dejo de lado las ilusiones del mundo -los espejismos, como en un extenso desierto interno-, y sigo andando, paso a paso, con la certeza de estar en el camino que es el apropiado para mí, se produce ese estado interno, en movimiento, que podemos sentir como la paz.

Finalmente, la paz está alejada del proceso mental: cuanto más cargo mi mente de pensamientos innecesarios, queja, desidia, crítica hacia mi u otros, chismes, justificaciones, insultos, maltrato -reitero: hacia mí o hacia otros-, estaré mejor preparado para vivir conectado la mayor parte de cada instante, enfocado en lo único y verdadero: mi propio Ser. El que permanece, aún más allá de esta experiencia física en el mundo.

Paciencia = la ciencia de la Paz

A lo largo de nuestras vidas aparece con frecuencia la necesidad de volver a conectarnos con la paz interior; con ese espacio donde todo es tranquilo, seguro y en calma. Donde respirar es sencillo y fluido; no hace falta esfuerzo; sólo inspirar y soltar el aire. Una y otra vez. Donde, en la tranquilidad interna, aparece mayor claridad, enfoque y entrega.

Cuando llegamos a este punto, uno de los motivos recurrentes que suelen dar vueltas por la cabeza, como un molesto moscardón, es el de la ansiedad. Así es que solemos vivir acelerados, en medio de grandes ciudades, moviéndonos constantemente, buscando superarnos en medio de una realidad que, por momentos, nos supera, apasionados tras las metas y objetivos, recibiendo y siendo a veces incapaces de filtrar los mensajes que pueden hacernos daño, "creando, provocando y permitiendo" (como aprendimos del educador John Roger) cada situación de mi vida.

Trabajando en el proceso de cómo alinear nuestra misión y visión personal con nuestra misión y visión profesional, trabajamos sobre la necesidad de recobrar la paz. La paz es un capital. Es uno de los 'activos' en el balance de la vida. La paz es un principio activo, en movimiento, suave, fluido y neutral; aunque movimiento al fin.

La paz suele ser asociada con la quietud, la contemplación, el 'no hacer'. Y muchas veces, allí es donde irrumpe la culpa por sentirnos poco productivos. Sin embargo, la cualidad de la paciencia, el saber que todo tiene su ritmo y su desenvolvimiento de acuerdo a un plan maestro, superador y de naturaleza infinita, puede ayudarnos a conquistar la llave hacia la paz: la paciencia, entendida como la ciencia de la paz.

Piensa por un momento una situación en la que te sentiste impaciente.

Cierra los ojos.

Ahora, trae ese recuerdo con imágenes vívidas, a todo color, como una foto en la gigantesca cámara fotográfica que es tu memoria y tu mente.

Ponle sonidos: ¿qué voces se escuchaban? ¿Qué sonidos?

Si tuvieses que pintar esa imagen de un solo color ¿cuál sería? ¿Se visualiza nítida o borrosa?

Ponle una sensación: ¿es agradable o desagradable? ¿Qué estado interno te produjo? ¿Qué manifestaciones físicas tuviste con ese estado interno?

Ahora, una vez más, toma tu cámara de imágenes mentales y haz un rápido zoom hacia atrás: desplaza la imagen de tu mente lo más lejos que sea posible, hasta convertirla apenas en un punto en el infinito.

Y ese punto se va haciendo cada vez más imperceptible, hasta que desaparece.

Justo en el momento en que desaparece, tiñe ese paisaje desolado con tu color favorito; píntalo a todo color.

Colócale una música agradable.

Conéctalo con un lugar de la naturaleza que automáticamente te conecta con la calma y el relax.

Respira el aire puro y fresco.

Siente la tierra bajo tus pies.

Sonríe.

Relaja todo tu cuerpo. Estíralo inspirando y soltando el aire suavemente.

Permanece en este campo de paz por lo menos un minuto.

Reconoce las sensaciones que estás viviendo ahora. Recréalas dentro tuyo.

Emite cualquier sonido (como una palabra positiva, un chasquido o un tono musical agradable) o toca suavemente una parte de tu cuerpo.

Estamos creando un ancla para que puedas volver a este estado de paz cada vez que lo necesites.

> Una vez más, haz ese sonido especial que has elegido; o roza muy suavemente, esa parte de tu cuerpo que te trae presente la experiencia de calma, serenidad, paz y certeza de que todo está bien y es perfecto, así como se presenta.
>
> Desde este instante de paz, toma un par de respiraciones profundas y cuando quieras, abre tus ojos y conéctate con el mundo que te rodea.

Este breve ejercicio está basado en la ciencia de la paz: la habilidad que todos tenemos de recobrar la paciencia, aún en momentos de ansiedad y tensiones; más allá del acelere cotidiano y de las situaciones externas, es posible volver a calmar la mente y las emociones, para, una vez más, sentirnos uno con nosotros mismos y con el mundo que nos rodea, en equilibrio.

Puedes hacer esta experiencia cuantas veces lo necesites. Sólo lleva un minuto.

Una vez que te entrenes, cada vez que lo necesites bastará con pronunciar ese sonido especial o rozar suavemente esa parte de tu cuerpo, para que, automáticamente, se despliegue este estado interior de plenitud y paz.

Conéctate con la sabiduría infinita que yace en tu corazón. Desde allí la intuición será tu guía hacia una vida con mayor equilibrio, entendimiento, aceptación, perdón y grandeza.

5 ejercicios de mindfulness para elegir la paz a cada instante

El término "mindfulness" que parece haber cobrado difusión en los últimos años, no es nada reciente: hay siglos y siglos de experiencia sobre estas técnicas de enfocarnos en el presente, como única forma de dejar muchas situaciones del pasado que aún nos limitan, y de estar permanentemente con miedo por el futuro.

"Mindfulness" puede ser traducido como atención plena, conciencia plena o conciencia pura; es una facultad espiritual o psicológica que tenemos los seres humanos de poder entrenarnos en vivir en el eterno presente. Cada instante es único y por eso, si nos prestamos atención, es posible desarrollar la habilidad de saborear cada momento como si fuese un exquisito manjar que nos proporciona esta experiencia humana.

Por otro lado, las técnicas de conciencia plena son experimentadas por numerosas corrientes espirituales y filosóficas de oriente y adoptadas en occidente, como una de las maneras más efectivas de trabajar la ansiedad, la angustia, tristeza, nostalgia permanente y volver a cargar nuestra energía, mantener la atención, desarrollar la paz en todos los niveles (física, mental, espiritual). En definitiva, es como tomar el sendero de conocimiento natural donde todo está en calma y nos permite afrontar las distintas situaciones sin ponerles tanta carga emocional.

Las cargas emocionales no son ni malas ni buenas en sí mismas. Simplemente, son. Sin embargo, la fuerza con que dejamos que nos impacten, sobre todo los hechos desafiantes de la vida, hacen que se alteren muy frecuentemente nuestros estados de consciencia.

Así las cosas, el miedo, la desesperación, la sensación de no futuro, la imposibilidad de visualizar salidas a los problemas, los cortocircuitos en la comunicación con seres queridos, los inconvenientes del trabajo, la abundancia en todos los aspectos de la vida, pueden irrumpir con mayor fuerza si no logramos canalizarlos de una forma positiva.

El "Mindfulness" requiere de un entrenamiento permanente, sobre todo, por la gran cantidad de distracciones que cohabitan con nosotros. Este proceso de aprendizaje puede asimilarse al de andar en bicicleta: al principio quizás necesitemos rueditas de soporte, luego, con algún pequeño tropiezo mediante, podemos alcanzar cierto equilibrio y, una vez que somos diestros, si mantenemos la conciencia plena en nuestro sendero de vida, podemos movernos con mayor gracia. "Gracia" entendida no sólo en el sentido de destreza o belleza en el andar, sino de "gratitud" por todo lo que ya está presente en nuestra vida y que por el ritmo acelerado cotidiano a veces dejamos pasar.

Aquí comparto cinco ejercicios para practicar regularmente tanto como sea posible. Una rutina adaptable a todo tipo de personas, podría incluir una serie de los 5 ejercicios cada día, ya que no te tomarán más de un minuto cada vez.

A medida que avances, podrás adicionar más tiempo, sólo a tu ritmo. Claro que para aprender hay una sola forma: practicar y practicar. Los resultados los percibirás desde el primer día.

La invitación es a que los hagas cotidianamente, hasta que tu mente y el ego -que quiere dominarlo todo y es insaciable en término de demandas y que se alimenta de estímulos-, lo adopten tan naturalmente como respiras.

Lo ideal es que los hagas en silencio, en un entorno apartado de ser posible. Por ejemplo, los momentos en el cuarto de baño pueden ser buenos; al igual que si vas en un ómnibus rumbo al trabajo.

Por favor, no lo experimentes cuando necesites estar muy atento al entorno (por ejemplo, durante un atascamiento en el tránsito), ya que la idea es que puedas sostener el estado de relax y estar en presente que obtendrás el mayor tiempo posible.

Ejercicio N° 1: Ir y venir

Cierra los ojos. Toma una respiración profunda por la nariz y al soltar el aire suavemente por la boca, imagina que salen todas las toxinas de tu cuerpo. También salen las preocupaciones, dudas y miedos. Al tomar cada respiración, imagina que una luz blanca y pura te ayuda en este proceso y al soltar el aire, muy lentamente, notarás cómo se relajan los músculos de la cara, cuello, hombros, manos, pies y cualquier otra parte que está con constricción. Respira suavemente de 6 a 10 veces. Al finalizar, puedes abrir los ojos y estar presente.

Ejercicio N° 2: Punto de enfoque

Vamos a utilizar tu mente creativa, que es maravillosa. Así como puedes imaginar escenarios terribles de tu vida, también puedes crear imágenes que te transporten. Con los ojos abiertos, fija tu mirada en un punto distante -por ejemplo, la pared de enfrente, un punto en un cuadro o un objeto-. Respira profundamente unas 8 a 10 veces, sin mover ni distraer tu atención. Busca que el entorno se difumine suavemente. Sólo ese punto es tu presente. Al finalizar las respiraciones. Puedes dar la última inspiración con un agradecimiento por tomar consciencia del valor de estar aquí y ahora, que es todo lo que se necesita. Este ejercicio es sumamente útil en medio de dilemas o discusiones, en reuniones donde necesitas traer nuevamente tu energía presente en forma casi inmediata y casi nadie percibirá que estás haciendo mindfulness.

Ejercicio N° 3: Crear en positivo

Cerrando los ojos, imagina un paisaje de ensueño. Construye ese lugar con todo detalle, mientras respiras tranquilamente. Ese lugar será una especie de santuario especial, donde tendrás todas las respuestas y espacios de relax que necesites. Puedes ponerle los colores que desees, los sonidos suaves y que te traen calma, aromas y presencias de personas que quizás ya no estén físicamente, aunque sí sabrán guiarte si solicitas ayuda. Visualízate en ese espacio. Recórrelo despacio, caminando como si flotaras dentro de tu santuario. Y mientras recorres y respiras ese ambiente de calma, te vas haciendo uno con el universo, que es tu Ser y tu Esencia. En ese lugar puedes reposar un instante y meditar sobre un asunto en particular o pedir una respuesta. Silénciate y ábrete a escuchar: es posible que en poco tiempo la recibas si estás en sintonía, en mindfulness. Cuando te sientas listo, abre los ojos suavemente y vuelve tu atención al momento y espacio presente.

Ejercicio N° 4: Sabores

Elije un día a la semana para incluir en tu dieta un hábito especial saludable. Puedes reemplazar algún alimento que sabes que no te favorece, sólo por ese momento, por otros que te nutrirán de mejor forma. En el momento en que vas a degustarlo, hazlo muy suavemente, si es posible con los ojos cerrados cuando lo llevas a tu boca. Siente su aroma, apoya tus labios para percibir la textura. Al masticar, hazlo suavemente, al menos 20 veces, para sentir todo su sabor. Agradece internamente por todos los que han intervenido para que tengas ese alimento contigo este día. Mientras respiras, repite esto con cada bocado -recuerda masticar al menos 20 veces-, y percibe la diferencia de sabores y de tu proceso digestivo.

Ejercicio N° 5: Dejar ir

Si estás "en esos días" con mal humor y no de buen ánimo para afrontar los problemas o dificultades que se presenten, colócate en alguna circunstancia que elijas a consciencia, en una posición de observador. Esto significa que, en medio del problema, discusión o dilema, vas a imaginarte como mirando la situación desde un lugar neutral, a mucha distancia y simplemente observando. No tomarás partido por ninguna posición. Observa neutralmente (lo cual no significa que no estás participando; lo estás haciendo de una forma mucho más constructiva). Haz un rápido repaso de tu estado interno en la persona (que eres Tú) que está implicada en cuerpo y emociones en el problema. Chequea rápidamente qué emociones la mueven, cómo te expresas, cómo está tu cuerpo. Inmediatamente, colócate en los ojos del observador y cómo el observador (que también eres tú en esta visualización creativa) interpreta y decodifica neutralmente la situación. Toma consciencia de las respuestas que te aparecen. ¿Hay impulsividad? ¿Hay respuestas sólo por hablar? ¿Tomas tiempo para responder? ¿O simplemente reaccionas, rechazas, hieres, lastimas? ¿Hay emociones que te duelen? ¿Por qué? ¿Qué parte de tu ego se está sintiendo molesta? El observador lo sabe, lo mira y lo puede procesar rápidamente, porque está fuera de tu campo emocional. Y, si sabes mirarlo, obtendrás muy buenas respuestas para procesar esto la próxima vez de una mejor forma. Finalmente, respira profundamente tres veces. Agradece por lo que vas aprendiendo y vuelve al momento presente.

El paso a paso de la felicidad se conquista en el proceso. Las evidencias

En el mundo occidental, para la gran mayoría de las personas los distintos caminos de búsqueda y desarrollo personal y profesional están ciertamente enfocados en el afuera: no sólo hay que Ser sino "parecer". En esta posición cultural surgen inevitablemente las preguntas capitales: ¿Para qué hago lo que hago? ¿Para qué tomo estas decisiones? Estas elecciones, ¿me llevan hacia dónde quiero ir? ¿Tengo felicidad y eso me nutre?

Mirando la vida desde esta perspectiva, la felicidad parece ser una conquista poco menos que utópica. Se transforma, a fuerza de sueños y de altas dosis de voluntad (lo "gánico" = ganas) en una carrera hacia el gozo, signada más bien por la "lucha contra" el desánimo, los problemas, la depresión, las decepciones y todo tipo de emociones mal llamadas negativas.

Si tuviésemos la inteligencia emocional de admirar el paso a paso y conectar, desde el presente, con cada instante, los logros serían más llevaderos, en un fluir natural y nada apresurado -aunque sin pausa- hacia las metas y conquistas que anhelamos. El problema parece estar en la distorsión que produce el vértigo y la velocidad en la adrenalínica carrera "para tener" felicidad.

Y la felicidad no se "tiene": se goza, lo que es muy diferente al placer. El gozo es intenso, profundo, íntimo, revelador, removedor de eones, de trabas y corazas internas; es la nueva pátina con la que clarificamos metas y objetivos; es el combustible que nos impulsa a levantarnos y seguir adelante. Y, aún en medio de los grandes desafíos que suele presentar la vida, nos permite resignificar lo que va ocurriendo, en un tiempo presente enfocado en el instante de felicidad que -aunque aparentemente invisible- siempre está.

La felicidad es aprendizaje. Es constancia. Es perseverancia. Es entendimiento. Es conocimiento acerca de mí y de los demás. Es una mirada reveladora del entorno. Es dinámica, está en movimiento y nos acompaña siempre, si así lo elegimos. Y mejor aún: si le permitimos habitarnos.

Habitar la felicidad es otra forma de expresar este espíritu de vida. Llenar cada espacio con la certeza, aquella que surge de la incesante conquista personal e intrapersonal (de persona a persona, como el "boca a boca" de un mensaje que queremos replicar) es no tapar los huecos del sufrimiento o del dolor, porque hay una certeza mucho más contundente y profunda: al final -que puede ser ni más ni menos que con la siguiente respiración que tome- esto me fortalecerá y reconectaré con la felicidad.

La felicidad es inherente a todos los seres humanos. Es mucho más que la manifestación de la alegría o de un decálogo de buenas intenciones positivas. Es visceral, se asimila permanentemente, se mastica y se procesa constantemente en todas las células del cuerpo.

15 acciones gratuitas de 1 minuto o menos para conquistar más felicidad

Ya sabemos que la felicidad está en las pequeñas cosas y que se trata solo de momentos, a veces apenas instantes que muchas veces pasan desapercibidos en la catarata de situaciones y emociones complejas con las que convivimos.

Ahora te proponemos 15 acciones de un minuto o menos, para que cada día puedas conquistar mayor felicidad y bienestar en tu vida.

La única condición es que te animes a experimentarlas con continuidad. Dedicarte un momento cada día, en medio del trajín cotidiano, es la forma más apropiada de ganar mayor autoconfianza y merecimiento: la felicidad es un derecho natural para todos los seres humanos. Más allá de los tremendos desafíos que solemos atravesar tanto a nivel individual como global, siempre es posible reconectar con esa parte nuestra intuitiva, también llamado conocimiento natural. Desde allí, es más sencillo dejar aflorar las virtudes que construyen una mayor autoestima y fortaleza interna.

Posiblemente muchos de los que están leyendo este capítulo pensarán que la felicidad no es algo que se construya, sino que se siente y se vive: es exactamente así. Lo que podemos asegurar es que a veces necesitamos sintonizar externamente con pequeñas acciones que contribuyan a darnos impulso para aceptar que podemos ser felices.

Aquí vamos:

1. Mira un niño a los ojos: Conecta con su mirada. ¿Qué ves? ¿Te sonríe o llora? ¿Tú te pones tenso o disfrutas del momento? ¿Te animas a jugar un poco?

2. Acaricia una mascota: Por ejemplo, los perros suelen ser absolutamente incondicionales con sus amos y esa conexión va más allá de las palabras. Es gestual y emocional.

3. Observa el cielo: esté brillante con un sol radiante o nublado y lloviendo, siempre es maravilloso mirar más allá. Sólo observa, respira y proyecta una buena intención para ti, tu familia, amigos, tu barrio, tu ciudad, tu país, el mundo.

4. Respira conscientemente: toma aire unas diez veces, inspirando por la nariz. Hazlo bien profundo; retén el aire unos pocos segundos y suéltalo despacio. El hacerlo repetidamente, observando la respiración, te traerá una sensación de calma, paz y mayor claridad en la visión.

5. Saluda y habla con palabras amables: "Hola", "Buen día", "Por favor", "Te amo", "Gracias", aplicadas todos los días en las distintas situaciones, cambiarán tu forma de relacionarte con las personas y dejarás de estar literalmente peleado con el mundo cuando las cosas no marchen bien.

6. Busca un libro que te inspire: lee biografías, libros de frases o algo que te interese investigar y conocer un poco más.

También pueden ser novelas de amor o de temáticas que te lleven a descubrir la aventura de la vida. Al leer, quitarás algo de tiempo a mirar televisión o escuchar noticias aterradoras en otros medios. Sin negar la realidad, desconectarás durante lo que te lleve leer algunas páginas y recargarás pilas para estar más feliz y completo.

7. Agradece por todo: este acto tan sencillo de hacer una breve lista mental o en voz alta al ir a dormir, te coloca en una posición significativamente distinta que el 90% de los seres humanos. Y lo que hace es enlazar tu sueño de esa noche desde una perspectiva más constructiva para ti y los demás. Todas las cosas que tienes, que vives, las experiencias -incluso aquellas que puedas ver como muy duras-, las personas que te rodean, tu casa, tu cama y todo lo que te falta aún, son parte de esta lista. Verás cómo muy pronto empezarás a recibir una respuesta más asertiva acerca de aquellos aspectos en los que deseas evolucionar.

8. Pregúntale a una persona de muchos años: cuando estés un poco perdido, ayuda a alguien a cruzar la calle. Y si puedes entablar unas palabras, mucho mejor. Pregúntale qué le hace feliz o cuál es el sentido de la vida para una persona de su edad. Y observa lo que te responde.

9. Enfoca tu mente: siguiendo con lo anterior, las respuestas aparecen en el momento menos pensado. Por lo cual te sugiero que te abras a la posibilidad de que no todas las respuestas que buscas salgan de tu mente. Puedes formular la pregunta que te inquieta, "soltarla" y esperar observando atentamente por dónde llega una respuesta u orientación. Te vas a sorprender viajando en el ómnibus, en el tren o en el metro, viendo un anuncio en un cartel o un diálogo escuchado al pasar con la respuesta precisa.

10. Escribe tu frase del día: si deseas generar un resultado distinto, haz una pequeña tarjeta que puedas ver en todo momento durante un día determinado; también puedes colocarla como fondo de pantalla en tu computador o en tu teléfono o como estado en tus redes sociales. La frase, en positivo y en tiempo presente, te conectará con esa respuesta que buscas. Inconscientemente empezarás a poner en movimiento un sentido de observación consciente, que derivará sin dudas en lo que deseas obtener. Ten cuidado con lo que pides, porque es altamente probable que se te cumpla.

11. Perdona: si hay algo que desde el ego y el orgullo te impide conectarte mejor con alguna persona y tienes la posibilidad de repararlo, hazlo de inmediato. Si no puedes personalmente, envíale una pequeña carta o lo que consideres que ayudará -de tu lado- a sanar esa relación que quedó cortada por algún motivo. Observa el resultado en los días siguientes. Esto tiene que ver contigo, no tanto con la otra persona; por lo que no te preocupes ni le pongas expectativas sobre la reacción del otro. Enfócate en ti y en el estado de bienestar interno que deseas lograr.

12. Sintonízate con música: hazte una lista de canciones que te mueven y te inspiran. Baila, canta, coloca esa música cada vez que desees alegrar tu día y conquistar un mayor sentido de bienestar. Al mover el cuerpo y cantar, sacas afuera tus endorfinas, que son las que provocan un estado de mayor felicidad.

13. Ayuda a alguien: muchas personas no saben qué hacer ni cómo asistir a otros. Algunos piensan que la ayuda debe ser económica o de gran dimensión. Todo es sólo una excusa para cercenar tu posibilidad de dar y de recibir. Observa si no estás satisfecho con lo que tienes: es muy probable que estés dando de ti muy poco. Entonces, simplemente una ayuda, una palabra, un gesto, una mirada, un saludo; donar la ropa que ya no usas, o lo que quieras, ya pone en movimiento ese proceso vital que es el dar y recibir.

14. Dona tiempo: si tienes una profesión, hay muchas organizaciones que asisten a personas vulnerables o de menores recursos que pueden beneficiarse. No será necesario que dispongas de más que un par de horas al mes para contribuir con alguna causa que signifique algo valioso para ti. Saldrás recargado de energía positiva.

15. Desapego: el proceso de desapegarnos de algo que tenemos muy aferrado nos traerá el resultado inmediato de mayor felicidad y libertad. Es cierto aquello de "cuanto más damos, más recibimos". Y podemos agregarle: "recibiremos en proporción a la cantidad de entrega y desapego que pongamos". Por eso es fundamental entregar aquello que ya quedó fuera de uso, como los objetos, ropa, libros. Hay que hacerlos circular. También, las relaciones que no funcionan o que son una traba para seguir creciendo: déjalas ir. Los recuerdos, que son invaluables testigos del pasado, a veces nos encadenan: suéltalos tan pronto como los traes a tu consciencia. Estas son formas muy efectivas de desapego para tener mayor felicidad en la vida. Empieza practicando con algo pequeño, y convierte esta destreza en un don permanente. En un próximo apartado de este libro abordaré específicamente el tema del apego.

La diferencia entre ver, mirar y observar

Unos obreros estaban picando piedras frente a un enorme edificio en construcción. Se acercó un visitante a uno de los obreros y le preguntó:

–¿Qué están haciendo ustedes aquí?

El obrero lo miró con dureza y le respondió:

–¿Acaso usted está ciego para no ver lo que hacemos? Aquí, picando piedras como esclavos por un sueldo miserable y sin el menor reconocimiento. Vea usted ese mismo cartel. Allá ponen los nombres de Ingenieros, Arquitectos, pero no ponen los nuestros que somos los que trabajamos duro y dejamos en la obra el pellejo.

El visitante se acercó entonces a otro obrero y le preguntó lo mismo.

–Aquí, como usted bien puede ver, picando piedras para levantar este enorme edificio. El trabajo es duro y está mal pagado, pero los tiempos son difíciles, no hay mucho trabajo y algo hay que hacer para llevar la comida a los hijos.

Se acercó el visitante a un tercer obrero y una vez más le preguntó lo que estaba haciendo. El hombre le contestó con gran entusiasmo:

–Estamos levantando un Hospital, el más hermoso del mundo. Las generaciones futuras lo admirarán impresionados y escucharán el entrar y salir constante de las ambulancias. Además, seguro salvarán muchas vidas, y también aquí darán a luz miles de niños. Yo no lo veré terminado, pero quiero ser parte de esta extraordinaria obra.

El mismo trabajo, el mismo sueldo, la misma falta de reconocimiento; una misma realidad. Tres maneras distintas de vivirla: como esclavitud; como resignación; como pasión, aventura y desafío.

Piensa que el mundo es un infierno y lo será. Piensa que este mundo es parte del Paraíso y lo será.

Dentro del proceso de avance y aprendizaje en conexión con el espíritu o la fuente suprema de sabiduría, la Luz, Dios, o como quieras llamarle, hay una manera de distinguir cómo nos plantamos frente a esa nueva experiencia de crecimiento.

Durante muchos años, hemos sido entrenados para vivir el mundo de manera rápida, a la velocidad del control remoto; todo debe ser excitante, increíblemente seductor y potente. Incluso las experiencias que devienen de nuestro avance en el proceso de conocimiento acerca de nosotros mismos, muchas veces, buscamos que se manifiesten a la velocidad del rayo.

Es como si estuviésemos esperando que los milagros cobren la forma de un rayo cósmico y, de la nada, "algo" transforme nuestra vida o las situaciones desafiantes por las que atravesamos. Entonces, sí podríamos decir: "¡Wow! ¡Qué experiencia espiritual que estoy teniendo!".

Por lo general, las cosas no suceden así. El cambio es sutil, paulatino, casi imperceptible. La fe, la esperanza y el entusiasmo contribuyen a sostenernos, junto con el amor, hacia nosotros mismos y a los demás; a las situaciones que inevitablemente atravesamos y nos fortalecen, y aquellas que parecen derrumbarnos y que, a la larga, encuentran sentido en el escalón de crecimiento personal.

Una forma de ejercitarnos que puede ser interesante para experimentar es la de observar. Observar es mucho más que ver y que mirar. Al observar, somos partícipes cocreadores de lo que va sucediendo en nuestras vidas; podemos reconocer nuestro toque personal en ello y, desde allí, si así lo deseamos, comenzar a operar los cambios.

Ver, como sabemos, es sólo una forma de afrontar las cosas. Mirar, es fijar más nuestra atención en algo; y observar, es la experiencia completa como síntesis de los dos procesos anteriores, transformados en algo superador, algo mayor.

¿El observar es un proceso pasivo?

Todo lo contrario: el observar es un proceso activo. Si bien no se manifiesta tan obviamente hacia fuera, el ir hacia dentro, como si tuviésemos un escáner interno que me permite tomar cada fragmento de mi interior para amplificarlo en un gran microscopio, puede darnos valiosa información acerca de nosotros y lo que estamos atravesando.

Por el contrario, el ver y el mirar están sujetos al estímulo externo. Es tanta la velocidad con que cambian los estímulos alrededor, que no es raro sentirnos perdidos y, hasta a veces, aturdidos por semejante maraña de sensaciones, emociones y decodificaciones que hacemos a gran velocidad. Por eso es que, cuando tenemos una visión o mirada superficial de las cosas, quizás nos damos cuenta que tomamos decisiones apresuradas y basadas en un impacto que buscamos que sea lo más rápido posible. Es verdad: ese impacto puede, en apariencia, ser transformador de las cosas; aunque la pregunta que podemos hacernos sería: ¿es verdaderamente profundo el cambio? ¿O parece simple maquillaje para salir del paso?

Por eso el observar es un proceso activo, que viene de la calma, la tranquilidad y la paz en conexión directa con nuestra fuente suprema. Es tomar las situaciones tal cual vienen; plantarnos frente a ellas con ojos compasivos y amorosos; sensibles y abiertos a recibir del proceso lo que es mejor para ese momento, dejando fluir y aparecer lo apropiado, al ritmo propio del universo.

¿Te ha pasado alguna vez de querer forzar las cosas y torcer su curso? ¿Has querido cambiar a alguna persona cercana para que modifique algún aspecto que, según tu parecer, no te gustaba? ¿Funciona? No; no funciona. ¿Por qué? Porque cada uno tiene su propia naturaleza creadora, con dones y habilidades diferentes a los nuestros y, a la vez, complementarios.

Finalmente, el proceso de observar nos permite elegir la actitud con la que afrontaremos los desafíos y tomaremos nuestras decisiones. La forma, el enfoque y el encuadre que dé a cada situación, determinará en gran medida el curso de las cosas. Y, como en el relato de hoy, solamente de nosotros mismos depende si estaremos más cerca, o más lejos, de ese intangible interno, variable y personal, llamado felicidad.

Claves para observar en perspectiva cosas, personas y situaciones

Hay una cita de un escritor, educador y guía espiritual que dice:

> *"Al alejarte de tu cuerpo físico, al elevarte lo suficiente en tu conciencia, descubres que todo sucede aquí y ahora. Cuando te elevas lo suficiente, no tienes que mirar al vacío*

o a las llamas, no tienes que tener ensoñaciones ni usar tu imaginación. Desde una conciencia superior, has escapado al tiempo. No intentas mirar hacia atrás ni hacia adelante, ves directamente –no por medio de la ilusión, alucinaciones, deseos pasajeros o con las urgencias de tu sistema reproductivo. Desde la conciencia superior, no serás atrapado por esos aspectos inferiores. Estarás lo suficientemente alto para ver claramente. El gran reto que aparece es cómo regresar suavemente a la conciencia física, a la corriente de vida, a moverse entre todos sus rápidos y corrientes totalmente consciente. Aprendes a salir de la línea de tiempo y a regresar a ella, por medio de practicar, practicar, practicar."

(John-Roger, de su libro *El camino de salida*)

Casi como una guía, aquí van algunas herramientas que pueden ayudarte a observar en perspectiva y tomar decisiones con mayor claridad:

1. Toma unos minutos por día contigo, a solas y en silencio. No hay una forma precisa de hacerlo "bien": desde 1 minuto en adelante, todo cuenta.

Aprovecha ciertos espacios 'muertos' en el día para hacer este ejercicio (viajando al trabajo, mientras te duchas, debajo de un árbol, en un rincón de tu casa, en el baño, donde puedas y a tu tiempo).

2. Observa sin hacer muy mental el proceso: solamente observa las situaciones como si estuvieses en un gran globo aerostático.

3. Gira tu mirada con el poder de tu visualización, y mira la situación desde distintas perspectivas.

4. Toma conciencia de cómo cambia la situación mientras la observas, y mientras pasa el tiempo.

5. También puedes escribir una palabra que refleje la situación que necesitas observar y, alrededor, hacer un gran "mapa" de implicancias positivas y de las otras. Luego, vas descartando aquellas que no sean tan relevantes. Al final, obtén una lista de 3 implicancias directas y ya estarás más claro para tomar decisiones.

6. Entrega el poder de tu mente: relájate y deja que las cosas se vayan dando paso a paso, por si mismas.

7. Deja descansar las ideas: las respuestas llegan a su tiempo.

8. Escribe las ideas alternativas que inevitablemente irán surgiendo. Serán un nuevo "mapa" para guiarte hacia el mejor resultado que apoye el bien mayor.

9. Al final de cada ejercicio, reconócete a ti mismo por el trabajo que vienes realizando. Toma un buen vaso de agua y deja que se vaya manifestando lo mejor para esa observación / situación. Las respuestas llegan a medida que traen nuevas experiencias para ti.

4 pasos para soltar el apego a todo lo que nos limita

En este mundo de ilusión, porque lo que vivimos es efímero desde una mirada universal -apenas un "soplo" en la eternidad- una de los pasaportes directos a la infelicidad es el apego a las personas, cosas o situaciones. ¿Por qué? Porque el apego proviene directamente el ego, esa parte de mi personalidad que es insaciable y que quiere siempre más; que me habla al oído mayormente sólo cosas negativas y con pocas chances de salir bien parado: para el ego, todo lo que hago no es suficiente.

El ego también trabaja sobre las creencias que, desde que nacemos, hemos internalizado a través de las cadenas de creencias. Y "cadenas" es un buen término para definir este proceso interno, donde las ataduras son tales que parece que hasta la consciencia está fuertemente amarrada a un sistema donde las cosas son así, y no hay forma de cambiarlas.

Desapegarnos a aquello que ya no nos es útil en el momento presente es un buen ejercicio para flexibilizar nuestra mente, y dejar que el curso del Alma/Esencia -que siempre es pura, perfecta y completa en sí mismo- se haga cargo de las cosas.

Tal vez has experimentado esta sensación cuando atravesaste un momento de desafío extremo, como una enfermedad, o cuando elegiste dejar un trabajo, soltar una relación que no marchaba al ritmo de tu corazón, mudarte de hogar o hacer un viaje. Hay un punto de "no control" inevitable, donde te entregas al proceso, haciendo tu parte y esperando lo mejor. Esto es, exactamente, el desapego.

Hay hilos que de tan repetidos se transforman en cadenas, y nos atan invisiblemente a las situaciones, personas y las cosas. Y estos hilos nos inmovilizan y nos paralizan. En palabras sencillas, si el apego te limita de alguna forma en tu evolución personal, es hora de soltarlo.

Es importante distinguir el apego de otros sentimientos nobles, como extrañar a alguien, los recuerdos y la nostalgia: convenientemente resignificados desde un nuevo punto de mirada (es decir, un paso delante de aquellos momentos), estos sí se convierten en pequeños grandes tesoros que forman parte de nuestro ADN.

Los sutiles beneficios aparentes

¿Un comportamiento que nos limita de semejante manera tiene beneficios? Sí; son beneficios "aparentes", porque sin que nos demos cuenta en forma consciente el ego los utiliza pretendiendo hacerlos pasar por necesarios. No afrontar la incomodidad de los cambios, querer tener la razón, no evolucionar al ritmo en que cambia mi vida y el mundo, sostener viejos rencores y culpas, tener miedo a dar, manipular a los demás, decirles lo que tienen que hacer y pensar, predestinar que nunca volveremos a amar ni enamorarnos, son algunas formas sutiles del apego.

4 pasos para desapegarte

Este ejercicio en cuatro pasos te permitirá soltar paulatinamente los apegos que tengas sobre prácticamente todas las cosas. Puedes hacerlo en silencio, tomando unos minutos cada día, aunque funciona mucho mejor si lo escribes, como si fuese un diario, para tomar mayor consciencia del proceso.

Comienza a soltar cosas pequeñas, o que para ti, aparentemente, no tienen demasiado peso, para ir gradualmente escalando hacia otras que representan anclas negativas en tu vida.

1. Haz tu parte: si a cada momento, con vigilancia eterna, te dedicas con enfoque sostenido a revisar los apegos en tu vida, cada vez que irrumpen en forma limitante toma consciencia de ellos. Hazlos lo más realistas y tangibles posibles. Míralos de frente: no los esquives ni dejes pasar. No son simples puntos sueltos: son grandes ataduras. Resultados: progresivamente vivirás en el aquí y ahora; irás deshilachando los apegos uno a uno, hasta que pierdan poder dentro tuyo. Reemplázalos por emociones positivas, como el aprendizaje permanente, la evolución y la apertura al cambio.

2. Haz el 100%: en el camino del cambio, y en medio de las urgencias cotidianas, a veces pensamos que hacer un poquito sólo unos días alcanzará. Como sabes, esto no funciona. Porque si demoramos una buena cantidad de años en construir el andamiaje del sistema de apego a las cosas, personas y situaciones, es impensado que podamos resolverlo sin constancia. El 100% no es el 99%. El 99% es un "casi 100", aunque no es el 100%. ¿Es poca la diferencia? Por supuesto. Sin embargo, el resultado está cuando te comprometes con todo, todo el tiempo. Es como cuando sueñas meses con ir al mar, y, cuando llegas, metes el dedo gordo del pie para ver si el agua está fría, en vez de sumergirte de una.

Una forma de probar tu 100% es ordenar tu biblioteca, vestidor o cualquier lugar físico en el que debas soltar muchas cosas. Descarta, deja ir, regala, obsequia, haz circular esa energía estancada. Verás lo libre que te sientes. Y si así te sientes con cosas externas, ¡imagina lo que conseguirás al empezar a desapegarte de las ataduras internas!

¿Sabías que la mente sigue al pensamiento, y el pensamiento a la acción? Por eso, haz de tu vida algo real, tangible, concreto a la hora de reelaborar tus modelos mentales, como en el caso del apego. Si sólo te quedas en el pensamiento, no sucede mucho, más que una extenuante pérdida de tiempo. Si permaneces mucho tiempo en la mente, posiblemente te conviertas en un buen analista de ti mismo, pero falta algo: la acción, que es lo que producirá el resultado. Resultados: pon tu mente a trabajar al servicio de pensamientos elevadores y positivos. Y desde allí, pasa a la acción. En este caso, deja ir todo aquello que ya no te sirve en el presente de tu vida. Tendrás mayor autoestima, porque al comprometerte contigo al 100%, estás generando el cimiento para el gran cambio de consciencia. No habrá lugar para excusas, ni mentiras, ni procastinación (postergar todas las cosas). El tiempo es ahora, y con toda tu intención.

3. Elimina las expectativas: la pregunta clave para hacerlo es ¿cuántos "debería" están aún activados en mi vida? Este estado interno de autoreproche permanente, se basa en el supuesto de que el otro / mi última pareja / ellos / el gobierno / la inmobiliaria / el jefe / el país / el mundo / yo mismo "debería" haber hecho tal o cual cosa. Al proyectar expectativas, nos cargamos de un nivel de ansiedad y de necesidad de control que lo único que logra es dejarnos exhaustos, porque consume mucha energía. Son pensamientos circulares, que, como un mosquito molesto, no nos abandonan ni cuando dormimos. Resultado: no esperes nada, y pon tu ciento por ciento siempre. De esta forma, prepárate para lo mejor si es que viene. Y si no viene, como no esperas nada en particular, estás abierto a recibir la experiencia adecuada que llegará a su debido tiempo. Vivirás con mayor calma, equilibrio y menos tensión.

4. Reconócete: el cuarto paso es esencial. Por lo general, cuando hemos obtenido un pequeño avance en nuestro proceso de crecimiento, escuchamos la voz del ego que nos dice: "Bueno, ya está: lo conseguiste. Pero hace falta más. Así que, ¡a moverse!". Y saltamos este paso fundamental, el más importante: la gratitud y el autoreconocimiento por el trabajo que acabas de hacer. Resultado: responde conscientemente sobre al menos tres cosas por las que te reconoces y por las que estás agradecido contigo por el proceso de desapegarte. Enfócate en aspectos positivos exclusivamente. Sería bueno que lo escribas en una libreta personal, para tener un mapa de vida para leer de vez en cuando. Te sugiero que el proceso de gratitud por lo que ya está presente en tu vida y por los peldaños de evolución lo hagas tantas veces como quieras, todo el día, en todo momento. Te permitirá "plantar" una intención positiva por ti, y por los que te rodean sin que ellos se den cuenta. Por el mundo, en fin. Hace una gran diferencia y ayuda a cerrar el ciclo del desapego.

Para concluir, el Dalai Lama nos obsequia esta síntesis:

"Nuestros problemas se deben a un apego apasionado a las cosas y a deseos que nunca se satisfacen por completo, entonces generan aún más angustia. Percibimos a las cosas como entidades permanentes. En el empeño de conseguir estos objetos de nuestro deseo, empleamos la agresión y la competencia como herramientas supuestamente eficaces, y nos destruimos cada vez más en el proceso."

(Dalai Lama)

7 pasos para vivir en libertad

Si el objetivo final de este camino de aprendizaje en el mundo físico es la felicidad, el trayecto bien podría denominarse con eso tan preciado y pocas veces sentido desde adentro que es la libertad.

El hecho de vivir en Occidente, en generaciones plagadas de cambios que nos modifican, o nos arrasan si esquivamos el entrenamiento en la materia llamada "flexibilidad", propone atajos que a veces nos alejan del camino que soñamos. Si una gran parte de nuestra sociedad vive en umbrales de pobreza, es difícil que podamos plantearnos aspectos naturales para la expansión del alma humana, como es la libertad.

Es bien sabido que nosotros somos quienes elegimos el grosor de las cadenas. Nos atan relaciones, el consumo, ideologías de todos los colores, las creencias convertidas en paradigmas a fuerza de dejar que nos las machaquen, condicionamientos económicos y financieros, restricciones de diferente tipo, la soberbia, el ego, por mencionar sólo un puñado. En definitiva, se convierten en aquellos espejitos de colores que nos prometen que, siendo de determinada forma, conquistaremos un marco de mayor plenitud y equilibrio. Y nada de eso sucede.

Algunos, los menos, se animan a explorar paisajes inhóspitos, buscando volver a la esencia del ser humano: libre y sin condicionamientos. Pero según entiendo, el gran desafío y aprendizaje está aquí: en el medio del tumulto y la revuelta de la vida, donde sucede lo que sucede; donde participamos aun cuando no queremos, y nos damos cuenta que va pasando la vida y quizás estemos con más ataduras que antes.

Lo que sigue no es un método, pero sí una escalera que puede llevarte a experiencias de mayor libertad y autenticidad. La autenticidad, etimológicamente, proviene del adjetivo "auténtico" y del sufijo abstracto "idad" que indica 'cualidad de'. Por lo que si logramos llegar a este nivel de vivencias y acciones en nuestro paso por el mundo, estaremos más cerca de la experiencia de libertad.

La escalera que proponemos tiene siete peldaños y prácticamente ningún descanso: imagínate un ejercicio continuado, subiendo y bajando todo el tiempo, hasta adquirir la maestría necesaria para recorrerla sin esfuerzo, naturalmente, integrada a nuestra forma de Ser. Estos siete niveles pueden cambiar el orden de acuerdo a como desees experimentarlos: lo importante es que definas tu propio método o secuencia que haga sentido para ti, y que te animes a probarlo una y otra vez.

El primer peldaño: busca tu propósito. Esto significa encarar un plan de vida basado en las experiencias que quieras traer más presentes, y proyectar cada uno de tus instantes desde ese lugar. El propósito es el punto de encuentro entre lo que sé hacer, lo que quiero hacer, lo que me gusta y con lo que puedo servir en este mundo. La clave del propósito es la acción permanente. No hay pequeñas acciones, sino, simplemente, acciones. ¿Por qué estoy aquí? ¿Para qué? ¿Cuál es mi misión en este mundo? ¿De qué forma puedo servir a otros, mientras aprendo y comparto la experiencia de la vida? pueden convertirse en preguntas válidas para bucear en tu interior si no lo tienes claro.

Segundo: Observa de qué forma quiero jugar el juego de la vida. Puedo elegir competir, no competir, disputar, pelear, hacer trampa, tantas formas de accionar en el mundo como determine tu ética y valores de vida. Si pudieses incorporar el sentido de cooperación con el otro, el proceso de la danza de la vida será más fluido y más productivo para todos.

Tercero: Silénciate. No es necesario ponerle palabras con lengua rápida y filosa a todas las situaciones. A veces es bueno apagar el ruido interior y exterior; silenciarnos y simplemente, dejarnos estar. Esto, que muchos llaman meditación, se transformará en una constante en tu vida. Será una "meditación dinámica" donde podrás obtener valiosas herramientas de autoconocimiento y visión interna más clara. Evitará conflictos. Esquivarás con maestría las agresiones. Dejarás lugar sólo a lo que nutre, lo positivo y lo que apoye tu crecimiento y el del otro. No estarás en pie de guerra permanente. No reaccionarás, sino que accionarás naturalmente con el mínimo de movimientos necesarios, para conectarte desde allí con ese proceso de construcción que significa ir por tu libertad.

Cuarto: Aprende a soltar. Posiblemente la mayoría de nosotros traemos eones de cargas negativas, pensamientos que no nos sirven y condicionamientos que nos limitan. Paso a paso, irás aprendiendo en este subir y bajar por estos niveles de conciencia, a dejar ir las cosas que no te funcionan. Y de esta forma -sencilla y natural- liberarás espacio dentro de ti para dejar que entre lo nuevo.

Quinto: Enfócate en la simpleza. En esa alquimia está el resultado que irás obteniendo paso a paso, si te animas a experimentar lo nuevo y a soltar las ataduras. Solemos vivir con muchas ataduras, casi cadenas que nos realzan un falso sentido de logro: tener más, para, recién después, quizás, tal vez, conectarnos con el Ser. Es posible vivir exactamente al revés: primero Ser, para desde ahí Hacer (accionar, concretar) y luego Tener (como consecuencia del hacer). Eliminar todo lo superfluo trae muchísimos beneficios, entre ellos, el tener más espacio disponible para disfrutar de la vida. Por ejemplo, si tienes en tu armario ropa que no utilizas, o libros en la biblioteca, suéltalos de inmediato y hazlos circular: dónalos, regálalos, e incluso, déjalos en la puerta de tu casa para que los lleve alguien que necesite. En la simpleza radica gran parte de la libertad interna. Un poco más profundo suele ser el proceso de simplificar nuestras conversaciones y análisis mentales. Y la mente también se cansa y nos abruma de tanta cantidad de pensamientos que por momentos nos desconciertan y confunden. Por eso, hazlo simple, directo, al grano y sin tanto proceso mental.

Sexto: Contempla. El acto de aquietarnos en cualquier momento y situación nos permite ser fotógrafos expertos de nuestras propias reacciones y emociones. Además, es gratis. Como radiólogos que tomamos imágenes por escáner instantáneos, podemos ir adquiriendo la destreza de secuenciar estos procesos cuando la mente quiere interferir en el proceso de contemplación. Sólo deja sueltos los pensamientos: déjalos pasar, no intentes amarrarlos. Están allí por algún motivo. Puedes contemplar sin participar emocionalmente de las situaciones. Al principio costará un poco, aunque pronto podrás disponer de esta cualidad cada vez que la necesites. Sólo quédate en estado de contemplación, y en silencio. Si hubiese un espacio que te produce más rápidamente esta conexión interna puedes ir allí con tu imaginación creativa cada vez que quieras. Recobrarás en muy poco tiempo la serenidad, equilibrio y claridad que necesitas vivenciar en ese momento.

Séptimo: Gratitud. Esta quizás sea la llave más importante en el camino hacia la libertad interna. Es la llave que abre todos los candados y te libera de todas las cadenas en las que muchas veces nosotros mismos nos hemos enredado y aprisionado. Agradece a toda hora y por todo, incluso cuando las cosas no van nada bien de acuerdo a nuestros criterios. Suelta la expectativa sobre torcer el curso de las situaciones, y sólo agradece. Con un poco de práctica podrás experimentar un estado interno de plenitud, serenidad, equilibrio entre mente, cuerpo y espíritu y mayor compasión ("con + pasión") contigo y con los demás, incluyendo las situaciones desafiantes.

Desde allí, hasta obtener una mayor experiencia de libertad, hay sólo un paso. Sólo hay que animarse a experimentar esta escalera una y otra vez, en un sinfín de aprendizaje continuo, hasta enseñarnos a nosotros mismos sobre cómo poder vivir la vida más plenamente desde ahora en más. Y esta es la elección más valiosa que puedes hacer, primero por ti, y luego por todos los que te aman.

— 0 —

"Practique el regalar cosas, no solo objetos que lo tengan sin cuidado sino cosas que usted quiera. Recuerde: no es el tamaño del regalo lo que cuenta, sino su calidad y el tamaño del apego mental que usted supera. Así que no entre en bancarrota en un impulso positivo momentáneo, solo para luego lamentarlo. Dele pensamiento al dar. Dé pequeñas cosas y observe el proceso mental que va acompañado del acto de liberarse de las pequeñas cosas que usted quiere".

Robert A. F. Thurman

EPÍLOGO

Amigo lector:

Como en todos los procesos, el juego de la vida se basa en las experiencias prácticas. De poco sirve leer todo el material del mundo sobre un tema que nos interesa, si no lo llevamos a la realidad.

Es tu ritmo, el hacer cotidiano y la destreza en persistir y completar cada ciclo que abres, lo que te conducirá al éxito.

Por otra parte, no existe ningún maestro, coach, motivador o líder que te indique exactamente el camino a seguir: a lo sumo, pueden ser puntos de referencia para que, tú mismo, vayas creando la experiencia de vida que quieres.

La invitación está a tu disposición. Aprovecha todas las experiencias para convertirlas en aprendizaje; pon en práctica lo que te funciona; deja ir lo que no te funciona; adapta y adopta según tu estilo y personalidad aquellas cosas que hagan sentido para ti y que te ayuden a crecer.

Recuerda: hay que tener mucho valor para transformarse. Y ese es el gran reto que te invito a encarar con toda decisión. La recompensa, aunque a veces parezca lejana, estará esperándote en el momento menos esperado.

Con amor, respeto por ti y honrando tu disposición de haber llegado hasta aquí en este libro, te envío un gran abrazo y saludo especial. De corazón a corazón.

Daniel Colombo

Daniel Colombo es Master Coach experto en CEO, alta gerencia y profesionales; comunicador profesional; Mentor de ejecutivos y empresarios; Speaker internacional; y facilitador de procesos de cambio. Media-coach de políticos y ejecutivos; experto en Oratoria moderna.

Autor de 21 libros, entre ellos "Sea su propio jefe de prensa" "Historias que hacen bien", "Preparados, listos, out" (co-autor, sobre el Síndrome del Bournout); "Abrir caminos", y una colección de 6 libros y DVD, "Comunicación y Ventas" con Clarín de Argentina, y la colección "Coaching Vital" compuesta por tres títulos: "El mundo es su público", "Oratoria sin miedo" y "Quiero vender" (Hojas del Sur).

Se desempeña habitualmente en 18 países, habiendo brindado más de 600 conferencias, workshops, seminarios y experiencias vivenciales, llegando al millón de personas entrenadas. En todas sus redes sociales tiene un millón de seguidores.

Conduce y guía equipos de alto rendimiento en empresas nacionales y multinacionales dentro y fuera de su país. Ha asesorado y trabajado junto a más de 2500 empresas, y dirigido su compañía de relaciones públicas durante 20 años. Escribe regularmente en más de 20 medios de Argentina y diversos países.

Web: www.danielcolombo.com
https://www.linkedin.com/in/danielcolombo/
Twitter @danielcolombopr
www.Facebook.com/DanielColomboComunidad/
Instagram: Daniel.colombo
YouTube: www.youtube.com/DanielColomboComunidad

Editorial Autores de Argentina

www.ingramcontent.com/pod-product-compliance
Lightning Source LLC
Chambersburg PA
CBHW031952080426
42735CB00007B/370